Juan Galo

No te duermas..., aún.

Juan Galo nació en Madrid donde residió hasta los veintitrés años. Tras cursar estudios de electrónica, ejercer como analista de sistemas y especializarse en logística, comenzó a dedicar su tiempo libre en escribir artículos de opinión para varios medios de la prensa escrita, donde su pasión por las letras, le llevó a crear su blog con la intención de permanecer en la realidad que otros pretenden socavar y así, no quedar dormido..., aún.

Infatigable defensor de los valores humanos y el sostenimiento medioambiental, escribe con la esperanza de contribuir al despertar de una conciencia del todo necesaria, sin la cual, el futuro del ser humano estará sentenciado al fracaso.

Tras "La clave del cuando", esta es su segunda obra.

ww.juangalo.org

Ilustración de portada: Luis Grimón
ISBN: 978-84-606-5942-6
Depósito legal: 1502183281430-6C85FN

Dedicado a Blanca y Antonio,
al fiel Emilio, leal Manolo y a esa
mujer que de lindo amor me llena;
pero en especial a mi santa madre,
para quienes en su conjunto jamás
tendré actos ni palabras suficientes
para agradecer todo vuestro apoyo.
(Todos sabéis muy bien por qué...)

PRÓLOGO

Con la intención de superar a la agreste adversidad del medio, cinco fueron los sentidos entregados al hombre por la madre naturaleza desde nuestra irrupción como especie en este planeta. De ellos el tacto, es sin duda el más desarrollado, pues gracias a la habilidad de mover los dedos, el hombre primitivo pudo expandir su intelecto para progresar hasta el momento actual. Sin embargo con el pasar del tiempo, paladar y olfato aparte, los dos sentidos restantes han ido paulatinamente sufriendo una atrofia inducida gracias a la manipulación de la verdad, provocando el desvío de la percepción del ser humano por la vida hacia una falsa realidad alejada de la conciencia que habita en cada uno de nosotros, con la clara intención de involucionar a una sociedad donde sus miembros, sometidos a una banal locura, permanecen mudos a la injusticia, sordos a la exclusión y ciegos a la desigualdad, en sutil sumisión hacia quienes en su detestable ansia por el más y más, manejan la mente de un mundo en clara decadencia moral. Y es que, han sido tantos los sueños conquistados, antaño imposibles, que por vanidad, el hombre ha quedado enamorado de su propia creación bajo el yugo de un ego al cual adorar como regla natural de obligado cumplimiento. Así el resultado final, evidencia la indiferencia de gobiernos e instituciones que; sin olvidar la adulta pasividad educacional respecto a los hijos, dividen a la humanidad en dos grupos claramente diferenciados: los muy pocos obsesionados por aumentar su cuota de poder (clase alta), y los muy muchos preocupados por sobrevivir (el resto), ambos entregados a la excusa del más burdo entretenimiento y trivial divertimento sin tiempo para ejercer la mayor virtud entregada al hombre para progresar evolucionando; esto es, pensar. No extraña pues que si hoy negamos la educación como legítimo derecho, que no favor, las más jóvenes generaciones quedarán imposibilitadas al resurgir intelectual del mañana, cuyo declive actual, llevará a los gobiernos a tutelar una sociedad compuesta por un inmenso conjunto de idiotas que privados de conocimiento, derechos y libertad, serán fiel ejército de leales vasallos incapaces de alzar la voz contra la esclavitud venidera. Debemos pues detenernos; mirar a nuestro alrededor para preguntarnos si el incesante ritmo de batalla que la sociedad impone en su frenético ajetreo, es la dirección correcta. Y no con ello me refiero a detenerse perdiendo el tiempo frente al televisor esperando la necesaria dosis de ignorancia diaria, que de un lado nos colme de estupidez y de otro nos incite al insaciable consumo de cosas que en realidad no necesitamos para vivir, sino de pararnos a pensar como retomar el camino perdido que nos permita recuperar los valores extraviados para vivir, convivir y perdurar con garantías de futuro. Sin duda la clave para lograrlo reside en la educación, pero nada será posible sin voluntad de cambio, sin pensamiento, sin el despertar de la conciencia que une y suma, que jamás resta ni divide: aquella que lleva a escuchar y observar desde el "aquí adentro" y no a ver y oír desde el "ahí afuera", para dejar de mirar al cielo esperando prodigios celestiales ignorando que el milagro natural que permanentemente nos rodea, yace a nuestros pies para recordarnos que regresar a la verdadera percepción de la vida, es el único sendero que nos despoje del inducido abrigo del ego como conductor del miedo a perder una mundana artificialidad de la que no queremos escapar por temor al ostracismo social. Pensemos pues que falla cuando venimos sin nada pero queremos irnos con todo, si somos puros pero nos vamos corrompidos y si nacemos libres pero morimos esclavos. Pongamos pues la educación sobre la mesa, para con voluntad y determinación entendernos desde el sentido común, la lógica y la coherencia que la madre naturaleza en su bondad nos regaló, para además de progresar, evolucionar hacia un estado de inteligencia superior. ¿Es tan difícil entender?

Sin electricidad (1)

Gracias a la fuerza de costumbre que al fin y al cabo es quien da cuerda a mi reloj biológico, abro los ojos sin entender por qué hoy el despertador, no ha sonado diez minutos antes como cada jornada.

Como impulsado por un resorte, me incorporo de mi cama para tomar una ducha y así acordarme de las estrellas con todos sus habitantes cuando el agua helada, me hace pensar que tal vez se haya estropeado el termo. Así es que no sin gran dosis de resignación, aguanto como puedo el chaparrón agarrando a continuación la toalla para secarme a cómicos brincos, terminando la operación con el albornoz sobre mi cuerpo en esta fría mañana de invierno donde mis dientes, aún tocan castañuelas tras el gélido susto.

Ya en la cocina y con la intención de preparar mi desayuno, observo tras abrir la puerta de la nevera como la luz interior permanece apagada, además de sentir bajo mis pies descalzos, un charco hipotéticamente de agua. Y aunque los artículos que hay en su interior aún conservan cierto frescor, no están fríos a mi tacto como debieran. Es obvio pues que estoy sin electricidad, por lo que después de pulsar el interruptor de la luz de la cocina y comprobar que la bombilla no enciende, solo me resta verificar para mi desaliento, que todas las palancas del cuadro eléctrico están subidas.

Debe tratarse de una avería de la compañía eléctrica, por lo que descolgando el teléfono para dar parte de la incidencia, descubro que no hay línea.

- ¡Qué extraño!

Enciendo mi móvil pero tampoco hay conexión, así es que armado de bendita paciencia y con el pensamiento de

1

llamar desde la oficina, me dispongo a desayunar en frío al carecer de gas, justo en el momento en el que tres cortos toques de nudillos llaman a la puerta.

Es el vecino de al lado para preguntarme si tengo electricidad. Le saludo, le contesto negativamente, le despido cortésmente y sin dilación acabo mi desayuno para después vestirme y salir rumbo a la oficina. Y aunque hoy desperté como dije un poco más tarde de lo habitual, voy bien de tiempo, por lo que conduciendo sin prisa mi automóvil, observo como no hay un solo semáforo que funcione en toda la ciudad.

Por lo demás, todo está aparentemente igual que ayer, que anteayer, que siempre, excepto la radio, que después de buscar en mi dial, lo único que encuentro son ruidosas interferencias.

- Para un día que puedes llegar más tarde, se te ocurre llegar más pronto. - Me dice con sorna el gracioso de siempre al llegar a la oficina. - ¡No hay electricidad!

- ¡Vaya!, no lo había notado - Pienso irónicamente.

Al poco otros compañeros se suman a la espera, pero ante la imposibilidad de ejercer nuestro trabajo, permanecemos en el hall de la entrada al ser todos programadores de software. Y sin electricidad, no hay nada que programar.

Pasan los minutos, después las horas... Nadie sabe nada. Demasiado tiempo desde anoche sin electricidad. La radio del recepcionista sigue sin recibir emisión, la centralita telefónica carece de línea al igual que los móviles comprobados una y otra vez, y entre la gente, la impaciencia se generaliza y extiende cuando no hay nada peor que la incertidumbre de no saber que está ocurriendo, más aún cuando no hay lógica ni razón que explique la situación. Es lo que sucede cuando algo se sale de lo convencional, o mejor dicho, de lo artificial. Y estar sin electricidad durante tanto tiempo…, lo es.

- ¿Te imaginas vivir sin electricidad? - Pregunta alguien.

- ¡Que disparate! - Contesta la recepcionista.

El tiempo transcurre lento y con él la mañana, arreglando el mundo inmerso en múltiples conversaciones tras romper innumerables sobres de café disueltos en agua caliente gracias a la plancha de gas de la cafetería de la esquina. Cuatro horas después el cansancio por aburrimiento hace mella, incluyendo a mi jefe que disimulando su nerviosismo, nos ordena regresar a casa confiando en que mañana el problema esté resuelto. Así es que en mi afán por investigar que ocurre, cojo el coche y regreso despacio a mi hogar por diferente ruta para averiguar que pueda estar pasando.

Escucho, observo, analizo… No es habitual ver tan poca gente por la calle cuando pasan veinte minutos del mediodía. Excepto unos pocos, la inmensa mayoría de los restaurantes y cafeterías están cerrados, igual que los comercios, igual que las panaderías, cuyos hornos de leña pasaron a mejor vida hace ya demasiado tiempo. Los automóviles se agolpan en las gasolineras haciendo cola para repostar, pero sin electricidad, las bombas impulsoras de los surtidores no pueden funcionar. Compruebo mi depósito; se encuentra por la mitad, así es que regreso a casa para constatar como la televisión sigue sin funcionar y la radio, con pilas, sin recibir emisión alguna.

Mi tablet de nada sirve para buscar información y mi móvil aún con carga en su batería, sigue sin establecer comunicación. Decido comer. Abro una lata de legumbres con judías que devoro en frío, además de un trozo de pan que sobró de ayer. De postre una manzana. Y sin más acudo al salón con la intención de entretenerme con una revista que tenía a medio leer, cayendo pronto amodorrado sobre el sofá antes de terminarla.

- ¿Qué hora es? - Me pregunto tras despertar - Las cinco de la tarde según mi reloj de pulsera. Aún sigo sin corriente. Tantas horas sin electricidad… ¡Esto huele mal!

Tras correr la cortina de la ventana con la intención de husmear, observo calle abajo a un operario de la compañía eléctrica junto a una pequeña subestación cercana a mi domicilio. Vistiéndome apresuradamente, salgo deprisa a su encuentro preguntando la misma cuestión que otros vecinos aledaños antes que yo, ya habían formulado.

- No saben nada - Me explica una vecina encogiéndose de hombros - No hay electricidad en toda la ciudad y no saben lo que ocurre. Dice el operario que no es una avería y que el problema no es de las estaciones de suministro principales.

- ¿En toda la ciudad? ¿No tienen previsión de cuando se reestablecerá? - Pregunto.

- No tiene ni idea.

- ¿Si no lo sabe él, quien lo sabe?

- ¡Y yo que sé! - Contesta aireada.

Sin electricidad (2)

Recordando el charco de agua en el suelo a los pies de la nevera tras levantarme esta mañana, realizo un sencillo cálculo mental:

- Me acosté pronto anoche y no puedo precisar con exactitud cuando cortaron el fluido eléctrico, pero el resultado que obtengo es de unas dieciocho horas aproximadas sin electricidad. Es demasiado tiempo sin que aún se haya resuelto, así es que temiendo algo peor y pensando que de nada servirán mis tarjetas de crédito, ya que los ordenadores bancarios no pueden funcionar y por tanto los cajeros entregar caudal, regreso a mi casa abriendo la caja fuerte para coger una buena cantidad de dinero en metálico que siempre guardo para casos de emergencia. Así es que, con la mayor diligencia, me dirijo al cercano supermercado antes que anochezca, no sea que el temor de la gente vaya en aumento y las estanterías queden vacías.

Al llegar compruebo que hay bastante más afluencia que de costumbre. La gente camina con rapidez y nerviosismo cogiendo artículos de aquí y allá bajo un tráfico incesante de carros de la compra al borde del atasco, lo que me hace pensar, que el miedo a que la situación se prolongue ha surtido efecto.

- Si esto sigue así, las existencias comenzarán a caer rápidamente conforme el pánico de la población se extienda. No debo perder la calma pues aún es pronto para un generalizado desabastecimiento. Sin embargo mi intuición me dice que debo prepararme, ya que el escenario comienza a ser de un lado un tanto surrealista y de otro preocupante.

Con gran lucidez mi mente trabaja con rapidez dictando lo que debo comprar: velas en gran cantidad, cinco paquetes de mecheros, cuatro bombonas de gas, un fogón portátil para cocinar, pilas pequeñas para la radio y gordas para mi linterna, alcohol de quemar, un quinqué de aceite, quince paquetes de pastillas potabilizadoras y otros tantos de pastillas de combustible sólido. Dos baterías de coche, dos garrafas de cinco litros de lejía, cincuenta pastillas de jabón de manos, cincuenta tubos de pasta dental y todas las botellitas de alcohol y agua oxigenada que encuentro en la estantería…, que son muchas.

En la parte de comestibles, mis dos carros de la compra se van llenando de una buena provisión de alimentos no perecederos a base de enlatados; preferentemente caballas y sardinas por su calcio y proteínas, así como gran cantidad de arroz, legumbres y pasta variada, sopas deshidratadas, pastillas sólidas de caldo de carne, pollo, pescado y verdura, leche en polvo, harina y agua embotellada, pero sobre todo y en exagerada cuantía: sal, café, azúcar, aceite, vino, coñac y güisqui; estos tres últimos todos gran reserva.

Tras esperar un buen tiempo en la interminable cola y pagar una costosa factura, introduzco en el maletero del coche los tres bolsos que llevo colgados al hombro y mis dos carros de la compra. Me meto dentro, arranco y marcho rumbo al hogar cuando ya es noche cerrada, observando en el trayecto como la ciudad aparece complemente a oscuras sobre un escenario más propio de una fantasmagórica película de suspense apocalíptico.

Tras ordenar la compra a la luz de un par de velas que como mi sombra me siguen a todas partes, hago provisión de agua llenando el fregadero de la cocina y el lavabo del baño, el bidé y la bañera, el barreño de la ropa sucia así como todas las botellas y garrafas vacías que encuentro, y que aún, por suerte, no deposité en el contenedor de basura. Y a juzgar por la escasa presión del agua, presiento que muchos previsores vecinos deben estar haciendo lo mismo que yo hasta que finalmente el aljibe que nos suministra se agote, ya que sin electricidad, la empresa proveedora no podrá bombear.

Posteriormente me dirijo al cuarto trastero para coger mi vieja emisora de radio de 27 Mhz., con la intención de conectarla a una de las dos baterías de coche que compré. Y si bien es cierto que dejé de emitir hace ya casi dos años por falta de tiempo, no lo es menos que me alegre de no haber desmontado la antena de radioaficionado de mi tejado. Así es que sin dilación, enciendo mi aparato girando el dial.

¡Estoy de suerte! La propagación atmosférica es bastante buena, lo que facilita escuchar en cualquier frecuencia a todo un hervidero de radioaficionados modulando sobre la misma cuestión:

- ¿Dónde está la electricidad?

Sin embargo, atónito, descubro para mi sorpresa por las conversaciones que son todas las ciudades del país las que se encuentran en la misma situación. De esta forma, conforme escucho las informaciones, voy formando mentalmente un mapa geográfico que por momentos torna a preocupante.

Apagando la emisora para economizar la batería, analizo:

- Es imposible que todo el país esté sin electricidad. No estamos en guerra, no había amenaza alguna y nada indica que hayamos sufrido una invasión o algo semejante tras comprobar la aparente tranquilidad de las calles. Las noticias de estos últimos días nada dijeron sobre una posible tormenta solar cuyos efectos magnéticos pudieran influir en las redes eléctricas. Pensar en una conquista marciana me parece de broma y la posibilidad de que un meteorito de grandes proporciones haya impactado contra la tierra, se me antoja remota al no haber sentido nada que me induzca a pensar en ello. Así es que: a menos que sea algo fuera de lo normal y las autoridades lo hubieran ocultado al conocimiento público, cosa que no me extrañaría, no tengo motivos para pensar que el problema esté en un silencioso estallido electromagnético sea cual fuere la fuente del origen, pues de lo contrario, los motores de los coches no podrían funcionar, menos aún cualquier cosa que tuviera electrónica asociada como por ejemplo, mi reloj de pulsera.

Según el operario de la compañía eléctrica - prosigo con mi análisis - no es una avería. Ignoro si se trata de un fallo en el suministro por parte de países extranjeros, aunque también esta opción queda descartada porque afortunadamente somos autosuficientes. Los argumentos se me agotan.

- Entonces, ¿por qué no hay electricidad?

El operario había dicho que las estaciones de suministro principales no estaban averiadas y que simplemente dejaron de abastecer, pero ¿por qué? ¿Qué es lo que está ocurriendo?

Si por sistema de eliminación no encuentro otra opción, solo cabe hacerme una pregunta: ¿qué nos están ocultando?

Sin electricidad (3)

Dispongo en mi azotea de dos paneles solares que cargan dos baterías, además de las dos que compré en el supermercado. Puedo incluso hacer uso del panel y la batería de mi autocaravana y la que abastece de energía a su habitáculo. También puedo desmontar la batería de mi coche pues de nada servirá si no puedo repostar gasolina. En total hacen siete que puedo conectar al regulador de carga. Y si además conecto la salida de las baterías a un conversor de voltaje y posteriormente al cuadro eléctrico de mi casa, podré disponer de luz en todos los habitáculos cuando llegue la noche.
Afortunadamente las bombillas de mi domicilio son de bajo consumo, pero aún así, quitaré todas excepto las estrictamente necesarias con el fin de economizar al máximo. El consumo de la emisora de radio es mínimo, por lo que podré conectarla a intervalos durante el día mientras las baterías cargan gracias al sol. Creo incluso; si mis cálculos no me fallan, disponer de energía suficiente para abastecer durante toda la noche al deshumidificador con el cual extraer agua del aire si fuera necesario. Y con un poco de suerte, puede que me llegue para conectar la pequeña nevera eléctrica de camping donde tener bebida fresca.
- Creo que será el único lujo que podré darme.
Así es que después de sumar el amperaje de todas las baterías y comprobar el consumo de mi aparato deshumidificador expuesto en la etiqueta trasera, una simple fórmula matemática me lleva al resultado positivo de producir; teniendo en cuenta la humedad del lugar, entre 12 a 14 litros de agua por noche, que bien administrados serán suficientes para beber y cocinar cada día. Una pastilla potabilizadora por cada diez litros me

asegurará disponer de agua bebible. Y si la situación persiste cuando no queden pastillas, emplearé el agua oxigenada que compré para matar toda posible bacteria, aunque siempre me quede el recurso de hervir el agua con la cocina de gas que adquirí, canalizando el vapor por un serpentín para obtener agua pura libre de partículas contaminantes.

- ¿Para qué más necesito agua? ¡Para el baño!, - me contesto - pero no me preocupa. Dispongo de un montón de bolsas de plástico que puedo utilizar, en cuyo interior, colocaré una base con papel de periódico como absorbente de los sólidos. Así no necesitaré utilizar la cisterna del inodoro. ¡Manos a la obra!

Mi reloj de pulsera indica las cuatro de la madrugada cuando termino la instalación, pero necesito información. Conecto de nuevo la emisora comprobando como otros radioaficionados, han debido hacer algo parecido a mí para obtener energía eléctrica gracias a la cuál poder trasmitir:

- En Barcelona seguimos sin corriente eléctrica… ¡Cambio!

- Aquí en Madrid tampoco tenemos, ¡cambio!

- Aquí estación libertad desde Alicante: estamos igual compañeros. ¿Cuál creéis que pueda ser la causa? ¡Cambio!

- No tengo la menor idea, pero estoy seguro que algo grave debe estar pasando ¡Cambio!

- ¡Breico…!

- ¡Adelante para el compañero que solicita entrar en frecuencia!

- Aquí estación Fisterra… Oídme bien compañeros: os informo que no hay electricidad en todo el país, tampoco en Francia ni en Portugal. Grecia lleva sin fluido desde ayer por la mañana. Inglaterra está igual e Italia hace quince horas que dejó de tener electricidad a nivel general. La información que os reporto la he ido acumulando después de estar desde ayer por la tarde copiando a otros compañeros de diferentes países que lo han ido comunicando ¡Cambio!

- ¡Atención frecuencia! Saludos cordiales desde Buenos Aires en la Argentina. Informaros que desde ayer al mediodía estamos sin corriente eléctrica. Nadie sabe, ¡repito!, nadie sabe ni entiende lo que pasa. Las autoridades no han hecho ningún comunicado ya que radio y televisión no emiten programación alguna ¡Cambio!

- ¡Atención compañeros desde México, distrito federal! Informo a la frecuencia que también aquí estamos sin electricidad desde ayer a las cinco de la tarde ¡Cambio!

Ya es suficiente por el momento. Sin ánimo para intervenir en la comunicación, opto por apagar la emisora meditando la situación:

- Parece que afecta a toda Europa y América. ¿África y Asia también? ¿Y Australia? ¿Será un atentado terrorista coordinado?

Sea lo que sea es algo que ha ido progresando por todo el planeta escalonadamente. Si la corriente eléctrica no se reestablece pasadas cuarenta y ocho horas, la confusión irá creciendo hasta desembocar en inseguridad, después disturbios y más tarde anarquía. Es muy posible que las autoridades decreten el toque de queda, si es que no se produce un vacío de poder. Ante el declive, el ejército tomará las calles preservando el orden para evitar saqueos, pero será imposible controlar calle por calle, cada comercio, cada barrio...

Cuando llegue la noche debo tomar precauciones, pues no sería bueno que alguien advierta desde el exterior que tengo electricidad en mi casa, menos aún que poseo una emisora y comida en abundancia. Si alguien se entera que tengo corriente eléctrica gracias a la energía solar, puede causarme problemas porque intentarán robarme a buen seguro mi sistema energético y con él los víveres. Para no delatarme desmontaré la antena por el día y la conectaré por la noche. No puedo fiarme. Debo tomar precauciones.

- Repasemos… La puerta está cerrada y el cerrojo de seguridad pasado. Al ser estancas las persianas de las ventanas, es imposible que alguien pueda ver luz desde el exterior. Los paneles fotovoltaicos están ubicados a ras del tejado sin posibilidad de ser detectados desde la calle, por lo tanto, nadie puede saber que tengo electricidad.

El agua tampoco será problema, pues cuento con todos los sanitarios del baño llenos, el fregadero de la cocina, las garrafas vacías que encontré y la embotellada que compré, además de la que pueda producir con el deshumidificador. Tampoco es un problema los víveres porque no son perecederos y vivo solo, por consiguiente, bien administrados a dos comidas diarias racionadas calculo que podría resistir un año y medio aproximadamente, tal vez un poco más. Y si pasado ese tiempo los problemas persisten, siempre me quedará la sal, el café y el azúcar, los cincuenta tubos de pasta dental, las cincuenta pastillas de jabón, el vino, el coñac y el güisqui gran reserva que compré para hacer trueque, ya que el dinero, no servirá de nada.

Sin electricidad se paralizará la logística y con ella todo suministro; principalmente medicinas y alimento, que es lo esencial. La población, salvo casos aislados, conservará la calma mientras el ejército, la Cruz Roja y otras asociaciones humanitarias puedan abastecer a la población. Pero si la situación no se normaliza, el caos llegará cuando ya no queden víveres que repartir. Entonces se formarán grupos armados que tratarán de aniquilar al ejército para tener vía libre al saqueo bárbaro e indiscriminado.

Comenzarán las deserciones. Cualquier persona con los pies en la calle será potencialmente una víctima a la que despojar de sus bienes. La tracción animal para el transporte volverá a ser utilizada, pero pronto se reducirá fruto del hambre cuando los alimentos empiecen a escasear. Y después, ¿nos comeremos unos a otros? ¿Retrocederemos al pasado? ¿Regresaremos a las cuevas?

Algo me dice que esta sociedad y con ella esta civilización, no volverá a ser como hasta ahora la hemos conocido, pues no estamos preparados para vivir sin electricidad menos aún para regresar a las cuevas, que por otro lado resultarían insuficientes para tanta población.

- Siento como en mi crece la angustia, pero no puedo dejarme llevar por la ansiedad. ¡Debo mantenerme tranquilo!

Si la situación no se normaliza, habrá mucha gente dispuesta a lo que sea con tal de comer, de seguir adelante, de sobrevivir gracias al instinto de supervivencia. Nos depredaremos mutuamente los unos a los otros haciendo uso de la fuerza bruta en un mundo sin ley, donde a falta de gobierno y ante el desconcierto, reinará el desorden absoluto.

Satisfacer el hambre será la primera regla a seguir. Los enfermos, ancianos y niños serán los primeros en caer. Y si el hombre en su calidad depredadora ha sabido ser raza dominante, ahora nos convertiremos en especializadas bestias para subsistir hasta que solo queden los más fuertes, lo que significa que surgirán grupos armados para esquilmar a cualquier precio toda propiedad ajena susceptible de canje como única moneda. Sus líderes se rodearán de fieles mercenarios en permanente guerra contra otros grupos, bandas o comunidades con la misma inquietud de sobrevivir. El hombre solo podrá salir adelante aunando esfuerzos de manera conjunta, formando pequeñas sociedades capaces de auto ayudarse, auto mantenerse y auto defenderse para resistir a cualquier precio.

- Y yo..., estoy solo.

Tal vez sea pronto pero si nadie lo remedia todo se desmoronará, y no creo equivocarme si afirmo que entraremos en una era donde la evolución de nuestra especie se detendrá en seco, porque el hombre sin electricidad, tal y como ha progresado la tecnología hasta superar la capacidad de absorción humana, no está preparado para retroceder a un tiempo anterior a la revolución industrial de mediados del siglo XVII. Y si bien es cierto que la tecnología ha servido a la comodidad humana, no lo es menos que sin la esencia que la mueve, muchos no sabrán sobrevivir, pues todo conocimiento, pauta y costumbre de épocas anteriores a la locura tecnológica, forma parte del olvido.

No fuimos capaces de advertirlo; cambiar a tiempo nuestro modelo energético dependiente del petróleo hacia la obtención en masa de energías alternativas. ¿O, si?

- Empiezo a hablar en voz alta. ¡Dios!, no quiero volverme loco.

La falta no solo de alimento sino de agua e higiene, favorecerá la aparición de enfermedades como la disentería y el temido cólera. Las consultas médicas y las urgencias hospitalarias colapsarán sin remedio por miles de enfermos que sin medicinas ni medios acudirán a las asistencias sanitarias. Será el desastre que muchos locos vaticinaron y que los medios de comunicación desprestigiaron tratándolos de paranoicos desestabilizadores. Tuvimos tiempo entonces para emplear nuestro intelecto en encontrar la solución, pero la humanidad, enclaustrada en un necio mundo banal del todo irreal, lleno de burda diversión y estúpido entretenimiento, dio la espalda a exigir un cambio de modelo energético basado en el cuidado y sostenimiento de la biodiversidad planetaria. Si cada cual hubiera sido autosuficiente, sino de manera personal formando comunas, esto no estaría pasando.

Vuelvo a abrir mi dial. La frecuencia hierve de gente trasmitiendo. La atmósfera es una autopista atestada de comunicaciones.

- ...Repito: la recomendación de las autoridades es permanecer en sus domicilios.

-¡Vaya! He llegado tarde. ¿Las autoridades? ¿Significa eso que no hay vacío de poder? ¿Qué autoridad?

Hasta que esto no se calme, ¡si es que lo hace!, y empiezo a tener mis dudas, aguantaré en mi casa pase lo que pase.

Ahora solo necesito descansar.

Sin electricidad (4)

- Disculpa amigo pero creo no haberte copiado bien ¡Cambio!
- Si, compañero. Aunque cueste creerlo todos los rumores indican que esa es la causa ¡Cambio!
- Pero, ¡eso es imposible…, cambio!
- Aquí en Roma parece que la tierra se haya tragado a las autoridades. Llevamos doce días sin electricidad en los que el silencio gubernamental ha sido absoluto. Ni un solo mandatario de ninguna nación, al menos que yo sepa, se dirigió a la ciudadanía de un modo u otro. Y la ONU, para no variar, es como si no existiese. La situación es caótica pues los saqueos tímidamente al principio, comenzaron dos días después de cortar el suministro eléctrico, pero ahora ante el vacío de poder, la situación resulta insostenible. El peligro acecha en cada rincón, en cada calle o avenida, en cada esquina, haciendo impensable salir por la ciudad sin ser atracado o incluso asesinado ante la más mínima resistencia, en un momento donde hasta lo más inverosímil es más valioso que la vida humana. Después de estas casi dos semanas desde el inicio de la crisis, vivimos en una jungla sin ley.
No hay un solo supermercado, farmacia, restaurante, comercio o cafetería que no haya sido desvalijado. Los hospitales, aeropuertos y el metro, están atestados de gente aterrada sin saber que hacer ni adónde ir. Sobre calzadas y aceras hay cadáveres de los que nadie se ocupa. Grupos organizados llevan días extrayendo combustible de los depósitos de automóviles, tractores, autobuses, camiones y gasolineras para colocarlo en el mercado negro; único lugar donde poder intercambiarlo con quien tenga la suerte de tener bienes para comprarlo. ¿Me copias? - "Bip"
- ¡Roger!, ¡cambio!

- Okay. El precio del litro en el mercado negro, ha subido cerca de un seis por mil respecto al día anterior a los cortes de fluido eléctrico. Y cada hora que transcurre, su valor sigue aumentando conforme disminuye la posibilidad de encontrarlo. Las pocas emisoras de radio que a duras penas logran trasmitir, lo hacen a cuenta gotas para decir siempre lo mismo: ¡no hay electricidad!, repitiendo una y otra vez que se trata de una grave avería global de carácter magnético debido a una tormenta solar. Pero esto no es verdad; ¡es mentira, maldita sea!, porque si así fuera, cualquier aparato electrónico dejaría de funcionar al ser achicharrado por la radiación. Y es obvio que esto no ha ocurrido. ¡Cambio!
- ¡Nos están engañando…, cambio!
- ¡Absolutamente! Corren rumores de suicidios en masa. La policía ha desaparecido y el ejército disminuye sus efectivos fruto de las deserciones. La situación incita al "sálvese quien pueda". En otras palabras: ¡nos han ocultado la verdad amigo mío! Todo indica que el rumor es cierto ¡Cambio!
- De acuerdo. Admitamos que esa fuera la causa. ¿Cómo es posible que lo hayan ocultado al mundo? ¿Ni un solo dirigente en ningún lugar del planeta, ha tenido la humanidad suficiente para informar al mundo con la debida antelación? ¿Nadie ha previsto las consecuencias? ¡No soy capaz de creerlo! Mucha gente esta condenada a muerte, ¡cambio!
- Piénsalo bien: muchos científicos y expertos vaticinaron desde hace décadas las catastróficas consecuencias que ahora estamos padeciendo. Los medios de comunicación en manos oligarcas ignoraron sus advertencias tachándoles de charlatanes agoreros, cuando no de activistas especializados en desestabilización social. Y con el poder controlando la información, el cambio de conciencia que

17

pretendían los expertos con sus mensajes no fue posible, pese a alzar su voz tanto como pudieron. Así sus advertencias fueron ignoradas, ridiculizadas e incluso silenciadas misteriosamente, ya que muchos de estos eruditos sabían demasiado, y al poder, en defensa de sus intereses, no le interesaba que sus mensajes trascendieran al dominio público para impedir al pueblo una revuelta. De esta forma impidieron el despertar de una conciencia capaz de provocar una sublevación popular, en contra de una vida basada en el petróleo y sus nocivas consecuencias para el medioambiente. Teníamos desde mucho tiempo atrás la tecnología que permitía implantar el uso de las energías alternativas, pero el miserable interés del poder en defender la dependencia del crudo para obtener a cambio un enorme dividendo, fue más importante que sostener la vida de millones de seres vivos incluyendo al planeta. Así la humanidad vivió de espaldas a la realidad del agotamiento del petróleo, y aunque ellos lo sabían, su repugnante codicia que no conoce límite, ha estado ganando dinero hasta extraer la última gota del subsuelo terrestre sin que importara la debacle en la que han sumido a la humanidad. La incombustible usura del poder, carente de escrúpulo y moral, ha demostrado no tener la más mínima piedad no solo por el medioambiente, sino por la vida humana y la del resto de especies que pueblan la tierra. Ahora los peores augurios se están cumpliendo. El destino de la humanidad pasa por unirnos o destrozarnos mutuamente. Pero bien es cierto que si la verdad hubiera aflorado, la mitad de la humanidad hubiera incurrido en un suicidio por pánico, ¡cambio!

- Estamos destinados a desaparecer - Exclamé - ¡Cambio!

-¡Roger! - Contestó escuetamente mi interlocutor seguido de un "bip" y un breve intervalo de tiempo de silencio que pareció una eternidad.

- Pocos conseguirán sobrevivir. - Prosiguió - La población mundial sufrirá un drástico descenso debido al hambre por la escasez de alimento, además de las enfermedades fruto de la falta de higiene y medicamentos. A parte del poder más elevado, solo se salvarán aquellos que desde hace tiempo se prepararon ante el miedo a una tercera guerra mundial. Se avecinan tiempos oscuros. Retrocederemos siglos atrás. ¡Cambio!

- Afirmativo. Acostumbrados a nuestros lujos y bienestar desde hace tanto tiempo, será muy difícil aunque no imposible adaptarse a las nuevas circunstancias. Muchos no lo lograrán. Agotado el petróleo, gas y carbón, no habrá electricidad para el conjunto de la humanidad. Quedaremos sin industria, ya que la energía nuclear desapareció hace ya mucho tiempo ante el empuje de la opinión pública, y la única que aún sigue funcionando, no puede satisfacer la exagerada demanda mundial. Silenciaron el punto máximo de extracción petrolífera alcanzado en el tercer lustro del presente milenio, para impedir que la sociedad reivindicara la implantación masiva de las energías alternativas, pues estas, acortarían las ganancias derivadas de la venta del crudo. Los gobiernos de espaldas a la realidad social, hicieron por sumisión la vista gorda para no interferir en los asuntos del poder oligárquico, sentenciando a la miseria a la inmensa masa humana. Ni siquiera el dinero hoy sirve, porque ahora, tan solo el intercambio de especies y materias intangibles es lo único que tiene valor. El trueque, será el comercio del mañana.

Sin electricidad (5)

- ¿Tienes hijos, amigo? ¡Cambio!
- Tengo un varón de cuarenta y dos años y una hija de cuarenta. Mi esposa falleció hace nueve años debido a la radiación solar por la degradación de la capa de ozono. Ella siempre se negaba a proteger su piel, y al final, su amado sol, se la llevó de un maldito cáncer de piel. A mi ya nada me importa lo que pueda sucederme porque soy demasiado viejo, pero mis hijos, aún son jóvenes. Y saber que futuro les espera... - "Bip"
-¡Ánimo! Ten fe, no pierdas la esperanza. El ser humano ha sabido salir de muchas situaciones que parecían no tener solución. ¡Lo conseguiremos! ¡Cambio!
- No es cuestión de pesimismo sino de realismo. Hace quince días que no hablo con mis hijos y no sé que clase de suerte hayan podido correr. Pero..., en, supuestamente..., posible, negro..., podría..., mañana..., que no pudieron...
- Atención compañero, ¿puedes copiarme? - "Bip..." - Hola...? ¡Atención...!

*   *   *

Aquella fue la última vez que hablé con alguien.
Supongo que su fuente energética se agotó y aunque intenté volver a contactar con él en reiteradas ocasiones, nunca más volví a escucharlo. Ahí afuera debe haber cientos, miles de millones de personas a punto de sucumbir por falta de fuerzas, de recursos, de ánimo, de esperanza..., ya que sin electricidad, sin energía, no puede producirse alimento para la totalidad de la población

mundial. Así mi fe se ha ido desvaneciendo después de seis meses resistiendo.

No queda nadie con quien dialogar y si lo hubiera, no queda nada que decir. Por eso pongo palabras a mi pensamiento escribiendo en este cuaderno, acumulando frases sin saber si algún día alguien las leerá. En tan solo una ínfima porción temporal equivalente al 0,004% desde la formación del planeta, el hombre del siglo XX y XXI aniquiló la biodiversidad por interés y codicia, ¡por el maldito dinero!, saqueando el medioambiente para satisfacer su inconformista comodidad, su insostenible estilo de vida, su detestable ego. Ahora no puedo por menos que sentir vergüenza de pertenecer a esta ciega especie que por el ansia de poder de unos pocos, y el miserable cobarde silencio del resto, ha sido capaz de ignorar el desarrollo y la implantación masiva de energías alternativas como sustituto viable a un caduco modelo energético con fecha de extinción, basado en la quema de combustibles fósiles. Ellos, los que nos han sentenciado; los traidores a la humanidad y al planeta, sabían lo que iba a ocurrir, pero ocultaron la verdad encubriendo el agotamiento del crudo para que su avaricia les convirtiera en los sucesores de una humanidad que lentamente muere, mientras el viento sigue corriendo libre y la tierra es dorada por un sol inagotable, mientras dos partículas de hidrógeno continúan unidas a una molécula de oxigeno esperando en vano su separación, mientras los motores de agua, aire comprimido, alcohol o biomasa, junto al neodimio que posibilita la energía a partir del punto cero, siguen bajo llave en un cajón.

Sin petróleo no se podrá fundir sílice para reponer los paneles fotovoltaicos obsoletos. Tampoco extraer ni fabricar cobre para las bobinas de los molinos de viento. Y sin otro material que lo sustituya, la energía eólica y fotovoltaica, desaparecerán después de veinte o veinticinco años de vida útil.

Ahora, en este momento, la generación de electricidad obtenida en secreto por los gobiernos gracias a las reservas estratégicas de petróleo y otros métodos, solo a su alcance, es derivada hacia los ministerios de defensa y mandos de combate, además de a los refugios donde ellos aguardarán tranquilamente a que la población mundial haya sido diezmada. Será entonces cuando saliendo de sus seguras madrigueras, sometan al trabajo por un plato de comida al día a la población que no haya sucumbido a la desaparición. La superpoblación, no volverá jamás a ser un problema.

Esto es lo que el hombre ha querido para si. Ahora las profecías de los expertos como decía mi amigo radioaficionado, se hacen realidad para padecer en este presente las catastróficas consecuencias que en el pasado fueron consentidas por una ciega y sorda humanidad, que indiferente a la realidad de la que nos apartaron al secuestrar nuestro pensamiento, no supo ni quiso exigir un cambio en el modelo energético. Y así lo describo; moviendo incansable mi lápiz sin saber cuanto tiempo más podré resistir en la ciudad, ya que la mayoría de la ciudadanía huyó hacia las montañas para organizarse en cuevas, intentando perdurar mediante una frágil agricultura condenada al fracaso por el abrasador efecto invernadero, el envenenamiento de las tierras por el uso y abuso de químicos fertilizantes y la contaminación de las aguas convertidas en veneno gracias a nuestros propios vertidos y desechos incontrolados, causando la muerte de acuíferos, ríos y océanos.

Tanto la caza como la pesca fluvial y marítima es cosa de otros tiempos, habida cuenta del exterminio provocado por el agotamiento de las especies que no pudieron multiplicarse al ser exterminadas a un ritmo muy superior a la regeneración natural de reservas y caladeros. Solo quedan algas, pero contaminados los océanos y sin combustible que haga funcionar a la maquinaria necesaria para su extracción y manipulación, moriremos de hambre.

* * *

Fue entonces, en ese preciso instante cuando de pronto, súbitamente, el agudo e intermitente sonido metálico comenzó a sonar incesantemente.

Atontado, aturdido, sin noción del tiempo ni de la realidad, quizá aún sumido en la subconciencia, mis ojos buscaron con desesperación la fuente sonora hasta encontrarla.

Apagando de un certero toque el despertador, observé los cuatro dígitos color rojo señalando las 06:00 de la mañana, mientras entre medias, sus dos característicos puntitos aparecían parpadeando sin cesar.

Instintivamente dirigí mi mano directamente al interruptor de la lámpara situada sobre mi mesita de noche, haciéndose inmediatamente la luz entre la penumbra del nuevo amanecer. Corriendo hacia la cocina me detuve frente a la nevera "sin charco de agua", comprobando como la luz se hizo en su interior cuando tras abrir la puerta, una invisible nube de frío acarició mi rostro en el momento que el vecino de enfrente paseaba por la calle a Rodi; su precioso pastor alemán bajo la tenue claridad de la farola cercana, cuyo halo de luz, penetraba por la ventana de mi cocina tras abrir la persiana y correr la cortina.

Toda mirada, ¡cualquier mirada!, no hacía más que devolverme a una bendita realidad que anterior a mi sueño nunca había pensando ni siquiera imaginado.

Fue entonces cuando libre de toda confusión, entendí que todo había sido una lúgubre pesadilla de seguro sombrío final, provocada por un macabro juego al que mi bromista subconsciente quiso someterme.

Ahora, bebiendo un zumo de naranja recién exprimido, escucho las noticias en la radio que en no mucho difieren a las de ayer, esperando que la tostadora termine su trabajo y el microondas acabe de calentar la leche para ser mezclada con el café, y así, desayunar antes de irme a trabajar, todo ello sin dejar de pensar en el incalculable valor de la electricidad y sus muchos beneficios a los que no concedemos la importancia que merece, ya que sin ella la vida, no sería imposible pero si muy distinta a como la conocemos: tanto como lo era diez generaciones atrás.

Mi moraleja a esta congoja alucinatoria es que dependemos tanto de una tecnología impulsada por un equivocado modelo energético con fecha de caducidad, que de no emplear y pronto nuestro intelecto para cambiar la situación, bien podría ser que mi sueño se hiciera realidad. Y tal como el hombre desperdicia su presente arruinando el sostenimiento planetario, gracias al aumento de la población mundial y la desmesurada demanda petrolera para satisfacer el exagerado consumo energético, el futuro, a juzgar por el rumbo de los acontecimientos, no resulta demasiado halagüeño.

- FIN -

La leyenda (1)

Aderezada por una plácida temperatura libre de brisa, la noche sin luna en aquel apartado lugar del mundo era casi opaca, aunque no del todo negra gracias a esas infinitas pequeñas almas latiendo con distante fulgor en la inmensa bóveda celeste. Bajo ella, el viejo sabio de la tribu, de enjuto cuerpo y poblada barba blanca a juego con su larga cabellera y tupidas cejas, se disponía a encoger en vilo los corazones de los presentes que entorno al fuego, prestaban su atención cada vez que aquel hombre se disponía a contar una historia. Esta vez, a petición mayoritaria, la leyenda predilecta por todos.

La expectación era tan grande que el naranja resplandeciente de las brasas incandescentes de la cercana hoguera, se reflejaban en los enormes ojos negros de niños y adultos, que con hambre de asombro esperaban escuchar el relato de aquel enigmático ser, aunque a veces entenderle, no resultara tarea fácil cuando la ignorancia del oyente lo impedía. Y allí, en aquel pobre lugar de tercera categoría, aislado y olvidado, había mucha, aunque también a decir verdad, más ganas por querer aprender gracias a la sabia naturaleza, que en muchos lugares de un artificial primer mundo sabelotodo y engreído.

De carácter ermitaño pero no esquivo, impartía sus consejos cuando eran requeridos de manera concisa con un susurro por voz de grave tono y exquisita oratoria, para en poco, decir mucho. Su sapiencia y nivel de acierto en sus predicciones, le sirvieron para ser venerado no solo entre la numerosa población de su tribu, sino por las gentes de las aldeas de los alrededores y las que a lomos de camello, se encontraban unas cuantas jornadas más allá.

Situándose a no más de tres metros de la hoguera adonde la penumbra del fuego y sus caprichosas

25

llamaradas encendían aún más sus ojos verde aceituna, su cayado comenzó despacio a elevarse al mismo tiempo que el murmullo popular iba callando momentos antes de entrar en escena, como si aquel acto, significara subir el telón de un imaginario escenario con tablas de arena. Así, con la mirada clavada hacia lo infinito, la leyenda innumerables veces contada y una vez más solicitada, iniciaba su función:

- ¡Mirad allí arriba! - Vociferó silenciando repentinamente al público infantil. - Fieles a su cita, aquellos diminutos puntos lejanos, aparecen resplandeciendo a nuestros ojos cuando el anochecer arropa con su manto a la luz del atardecer de un sol adormeciendo. Todos sabéis que son estrellas, pero desconocéis el motivo que las hace brillar. ¡Yo os lo diré!

Cuando un ser vivo llega al último suspiro, solo hay dos caminos que su energía liberada pueda recorrer tras la puerta de la muerte. El primero conduce su esencia a fundirse con las estrellas, mientras que el segundo, lo devuelve a la vida terrenal. Así el centelleo que veis fulgurar cada noche, no es más que una sonrisa de luz indicando desde la lejanía estar a nuestro lado en otra dimensión que nosotros, seres de endeble entendimiento, no podemos comprender, mientras los que han de volver, regresan a la oscuridad de este abajo donde ahora nos encontramos. Y no como castigo divino, sino por justicia a la suprema inteligencia universal, hasta que sus acciones, vida tras vida, les permitan comprender que el amor, contrario al temor, es la única dirección evolutiva que no conoce camino de vuelta.

- ¿Qué les pasa a los que regresan? - Preguntó uno de los niños con incipiente curiosidad.

- Ellos pueden adoptar forma de piedra, árbol o flor, gacela, antílope o león, ave, insecto o pez, pero también forma humana, hasta que su natural evolución espiritual, después de vivir en una sola existencia innumerables vidas bajo un solo presente dividido en universos paralelos, les permita tras la muerte alcanzar la iluminación que les despierte del sueño de vivir en mundos subconscientes. Será entonces su conciencia, quien les devuelva a la esencia natural perdida en lo mundano tras recorrer un largo camino de experiencia, y así, convertirse en los seres de luz que ahora podéis observar habitando eternamente el bello silencio del cielo que nos cobija.

- ¿Yo también podré ser estrella? - Inquirió una curiosa y dócil voz de pequeños rizos negros.

El sabio; mirando con dulzura los inocentes ojos de la niña, se acercó lentamente posando la mano sobre su cabeza:

- Aunque no lo entiendas aún, somos polvo de cosmos y en ello nos convertiremos, pues todo lo natural, hasta la roca más dura y longeva, tiene su principio y final. Pero no debes preocuparte pues tú, pequeña, eres primavera y aún te queda mucho. Yo en cambio, invierno.

- ¿Y mi hermano mayor que es?

- Él esta saliendo del verano para entrar en el otoño - Dijo levantando la sonrisa de todos y el rubor del aludido.

- ¿Somos como las estaciones? – Preguntó alguien.

- Así somos, porque todo, incluidos nosotros, está conectado bajo la misma ley universal. De esta forma cada cual, recorrerá su experiencia en esta dimensión gracias a su nacimiento y florecimiento, su adolescencia y desarrollo, su plenitud, y por último su decadencia, como las enseñanzas ocultas en las cuatro estaciones, hasta que el círculo quede cerrado para de nuevo regresar de donde procedemos como parte indivisible de la unidad que todo lo forma.

- Maestro: ¿qué es la unidad?

- Todo lo que es, hay y existe.

- ¿Te refieres al creador?

- ¡Abre los ojos y mira a tu alrededor! La unidad es la fuente universal creadora que dividida en infinito número de formas, necesita experimentarse así misma. Por ese motivo, la vida se empeña una y una vez en manifestarse.

- ¿Qué aspecto tiene el creador?

- Lo acabo de indicar y aunque lo entendieras, nunca podrías comprenderlo, porque tu mente no puede entender la esencia de una inteligencia energética con la capacidad de ser eterna, pues ni se crea ni destruye; se transforma ilimitadamente para recrearse como antes dije, una y otra vez, hasta que al final de los tiempos, el universo vuelva a contraerse para condensar toda la energía universal al mismo punto adonde todo comenzó.

- ¡Hermano! Yo soy viejo igual que tú y no me queda mucho por hacer. Si mi misión está cumplida, ¿por qué no irme ya?

- Tú lo has dicho: igual que yo. Pero a mí me queda aún mucho por aprender y experimentar, igual que a ti, por eso aún estás aquí. No tengas prisa por llegar, pues cada una de vuestras vidas pasadas, como la que ahora tenéis en este presente, son un regalo divino que simplemente debéis vivir para acumular el único equipaje que portaréis allá donde vayáis cuando abandonéis esta vida: ¡la experiencia! - Exclamó alzando los brazos mientras su tono de voz se elevó lo suficiente para provocar la admiración general.

- ¿Es igual para todos?

- ¡Para todo y para todos!, cada cual bajo su propia historia. Por eso yo os digo; aprovechad el hoy sin esperar al incierto mañana que tal vez no acontezca aunque parezca lo contrario, pues nadie sabe cuando alcanzará su último suspiro. Cada instante de este preciso momento es todo cuanto hay, ya que el ayer es recuerdo y el mañana tan solo un sueño. Y es…, lo único que poseemos, ya que con nada vinimos y sin nada nos iremos.

- ¿Por qué es tan importante el presente cuando no es más que una copia del ayer? - Preguntó un hombre cercano al sabio.

- Porque el hoy - contestó en tono comprensivo, - es el único ahora que decide, elige y escoge como será tu mañana dependiendo de una simple elección presente. Ese el principio del secreto de la vida que el hombre en su ignorancia, se niega aceptar como principio de la verdad.

La leyenda (2)

- ¡Escuchad bien! - Voceó en tono expectante. - En algún remoto lugar de este vasto universo que vuestros ojos no pueden abarcar, ni vuestro pensamiento imaginar por su infinita extensión, existió hace ya mucho tiempo, más lejano incluso que los tiempos de nuestros antepasados más antiguos, una civilización que enferma de sí misma, se vio obligada a escapar de su planeta para poder perpetuar su especie poco tiempo antes que su mundo herido de muerte colapsara.

Los elegidos para la misión, volarían el cosmos durante mil equinoccios a bordo de sus nubes de hierro hasta encontrar la tierra; este mundo nuestro en el que ahora nos encontramos.

- ¿Qué fue lo que pasó? ¿Por qué tuvieron que escapar?

- Aquellos seres de pobre espíritu alejados de su esencia natural, profesaron adoración a un dios llamado dinero, creado artificialmente a imagen y semejanza de la codicia de aquellas criaturas, para satisfacer una comodidad que les convertía en prisioneros de su propia vanidad bajo un efímero sueño de ilusa grandeza en su ambición por lo material.

Aquel dios, obsesionado con la posesión, vivía en el centro de un irreal universo de lodo y fango con pies de barro, a través del cual, aquellos seres debían iniciar desde su nacimiento una demente carrera sin fin para ser y tener más que los demás sobre un absurdo camino lleno de competencia y rivalidad, llevándoles a enfermar de egoísmo, envidia, codicia, ira y odio, haciendo imposible coexistir y cohabitar entre ellos. Su insaciable sed de lujo y su incombustible inconformismo, les condujo a cometer todo tipo de atrocidades contra el verdadero hogar que les servía de morada y sustento: ¡su planeta!, al que despojaron de sus recursos como tributo permanente al insaciable dios que habían creado.

Nadie supo cuando aquellos hombres perdieron su rumbo, pero lo cierto es que en algún punto de su escala evolutiva equivocaron su camino. Para ellos vivir, significaba buscar continuamente la felicidad en una constante fantasía artificial basada en el deseo de cosas que no necesitaban para vivir, olvidando que la verdadera dicha duradera, se encuentra en el simple hecho de estar despiertos a la vida para sentirla como un milagro constante. Por tal motivo, alejados de la más pura y simple realidad, miraban al cielo esperando los prodigios de aquella adulterada inteligencia suprema, sin ser conscientes del constante milagro natural que les rodeaba; lugar donde reside el verdadero secreto de la vida.

- Dinos sabio: ¿cuál es el secreto?

- ¡Ya os lo dije! Experimentar la vida de manera natural para dar sentido a este presente existir.

- Pero maestro: ¿no es incongruente desear lo que no se necesita para vivir?

- Solo de manera natural o artificial se puede vivir: la primera da, porque es amor y éste es generoso, recibiendo a cambio lo que por bondad ofreciste. Sin embargo la segunda quita, porque el temor es egoísta y siempre devuelve a cambio lo que restas. Así el amor se hace uno con el todo que no entiende de tuyo ni mío, sino la "riqueza natural" del nuestro. El temor en cambio codicia lo ajeno con la intención de hacerlo propio, para acaparar mayor posesión con la que alcanzar mayor cuota de poder, por el simple hecho de creer que tener más que los demás te hará ser más que los demás. Esa es la insustancial "riqueza artificial" del mío con la que aquellos seres se identificaron: la identificación con el bien banal del todo prescindible para vivir. Así entonces "los artificiales"

31

comenzaron a desestabilizar a los "naturales" privándoles de todo medio, derecho y libertad, creando división, desorden y finalmente enfrentamiento, para no contentos con ser dueños de las riquezas y finanzas planetarias, adueñarse de sus bienes y pensamiento. Así la riqueza, quedó concentrada en un minúsculo grupo de poder mientras el resto fue sentenciado a un gueto de necesidad y miseria, rindiendo esclava pleitesía a los artificiales señores del nuevo orden mundial por un plato de comida y..., nada más.

Pero llegó el día en el que los "naturales", hastiados de la sumisión, levantaron sus brazos antes de sucumbir por inanición, enfermedad y muerte ante la falta de energía y alimento, en un sistema de insoportable crecimiento continuo incapaz de abastecer a una imposible superpoblación. Aquellas gentes unidas entraron en desobediencia civil gracias a la manipulación de los "artificiales", provocando desorden, caos, después guerra y finalmente muerte; luchando padre contra hijo, hermano contra hermano, amigo contra amigo, justo lo que el poder deseaba para que las masas se aniquilaran entre si eliminando toda oposición.

Tiempo después de haber cubierto su planeta con un largo manto de fuego, sufrimiento y mortandad, la mentalidad de unos y otros comenzó a cambiar cuando observaron la inmensa desolación que habían creado. La conciencia incipiente, comenzó a entender la inutilidad de la división, la desunión, la separación, la violencia y confrontación provocada por el temor a perder una fútil vida del todo vacía e innecesaria para vivir.

- No se puede conocer el bien si antes no conoces el mal.

- ¡Eso es, amigo mío! Cuando el mal que resta y divide en todo su esplendor muestra su cara mas amarga, el bien que une y suma en beneficio colectivo surge para encender lentamente al principio, pero con paso firme, la luz del ser interior hacia un mundo nuevo lleno de ilusión capaz de apagar la destructiva oscuridad de un infierno creado por el temor del hombre.

Un infierno muy similar al que en este ahora, el hombre sumerge al planeta y con él a la humanidad sin que el mundo reaccione a su decadencia intelectual.

La leyenda (3)

Aquella última frase pasó desapercibida para una tribu que asombrada, asistía al relato del sabio sin conocer aquel mundo de egoísmo y envidia, odio y usura, luces, color y opulencia al que el viejo aludía; distante a tantos años luz, como lo estaban las sonrisas que en la infinita lejanía celestial, fulguraban con su brillar la oscuridad de la noche.

- Así, - prosiguió elevando su cayado - bajo una absoluta inconsciencia, el devastador daño cometido contra sí mismos y el planeta que moraban, fue en realidad lo que les hizo adquirir una nueva forma de ver y entender el concepto de la vida, el mundo y su continuidad, regresando a los escritos de los grandes filósofos para recuperar el valor de las letras y las ciencias, del pensamiento, de la inteligencia, de la vida, para aplicar el sentido común del ser interior en la necesidad de aunar esfuerzos por el bien de su sociedad, donde todos y cada uno de sus miembros, debían ocupar un lugar sin posibilidad de exclusión.
- Dinos anciano… ¿Qué ocurrió después?
- Aquellos seres dejaron de ver la vida desde el temor exterior del "ahí afuera", para observarla desde el amor interior del "aquí adentro", evolucionando hacia un nuevo estado de inteligencia superior donde encontrar paz y armonía; allí donde se encuentra y concentra el infinito poder del universo a través de su silencio para comprender que la vida, es mucho más sencilla de cómo aquellos seres la complicaron desde sus inicios por codicia, hasta que el nuevo pensamiento, la nueva era emergente, apagara el apego por la identidad material.
Muerto pues el ego, comprendieron el significado del ser interior como parte integrante de la unidad que todo lo

forma, capaz de vencer a las fuerzas tenebrosas bajo una alfombra de igualdad y equidad.

De esta manera comenzaron a observar y no ver, escuchar y no oír, dialogar sin rehuir, unir sin destruir y sumar sin dividir, evolucionando con la inteligencia que los diferenciaba de las bestias, dejando atrás un progreso colmado de ignorancia al retomar el camino espiritual recobrando las enseñanzas a partir de nuestra atea condición de nacimiento, del todo vitales para evolucionar en un mundo donde la sabiduría de lo natural no necesita sectarias religiones.

¡Entendedlo bien! - Gritó. - Como el humo de la hoguera de este fuego que ahora veis, toda discriminación, desigualdad e injusticia se fue desvaneciendo cuando respeto, tolerancia y comprensión dieron paso a la justicia del amor que permite coexistir y cohabitar en hermandad tras aceptar la inutilidad de las armas, pues el amor no conoce a nadie a quien invadir ni a quien someter o de quien protegerse, entendiendo que la guerra de una u otra forma, aseguraba la pérdida para cualquier bando.

El hambre, la sed, la corrupción, las armas y las guerras, fueron erradicadas de un mundo resurgido de sus cenizas en favor del beneficio común y colectivo. Y aquello, viendo que era bueno, les hizo multiplicar recursos y esfuerzos para ser empleados en mejores asuntos que fortalecieran a sus sociedades y con ellas a sus gentes con el don de la fraternidad; cualidad de donde procede todo lo veis y lo que no podéis observar, ineludiblemente conectado, unido y atado con la unidad creadora de la que todo procede como lugar de felicidad duradera, y que sin saberlo, desde siempre, habían llevado dentro de su corazón sin ser conscientes.

La leyenda (4)

- Pero pronto comprendieron que habían rebasado un punto sin retorno que ni siquiera el mismísimo creador podría enmendar. El cambio de mentalidad, después de haber sembrado el caos, había llegado demasiado tarde.

Aquella civilización presa de la manipulación de su mente por el dios Dinero, había cometido el fatal error de permanecer impasible a las muchas voces que vaticinaron el grave deterioro inflingido al planeta por la acción depredadora de aquellos seres contra el medio natural. Voces que fueron ignoradas, rechazadas, desprestigiadas, ridiculizadas e incluso silenciadas por el ego de quienes creyéndose seres superiores, habían causado estragos irreversibles a la biodiversidad de un mundo dominado por la muerte de ecosistemas del todo fundamentales para la vida. La traición cometida contra la madre naturaleza, terminó por arruinar el sustento de aquella civilización amenazada por sus propios actos.

- ¿Madre les echó de su planeta?

- La devastación ocasionada fue tan grande, que el planeta ardió en fiebre cuando los valores climáticos sufrieron alteraciones irreparables con resultado desastroso, entre ellos el deshielo de sus polos, provocando un éxodo masivo de magnitud incalculable cuando mucho suelo útil, quedó sumergido bajo las aguas de los estériles océanos convertidos en vertedero del planeta. Las tierras; infectadas por los desechos de sus fábricas y sin agua dulce que no estuviera intoxicada por el uso descontrolado de fertilizantes, abonos y pesticidas, habían quedado infértiles, sin capacidad de producir alimento.

El veneno fue tan extendido y mortífero, que el clima cambió arrasando los bosques y con ellos el oxígeno ante el imparable avance de la desertización. Su mundo, herido de muerte, agonizaba lentamente debido a un insaciable extracción y consumo de materias diseñadas para usar y tirar, y que incombustiblemente había que fabricar con una energía del todo insuficiente para complacer la exagerada demanda de una sociedad que en su conjunto consumía los recursos planetarios a mayor velocidad que la regeneración natural. Y todo, para satisfacer al dios Dinero que ellos habían inventado y después destronado cuando el oro negro llegó a su fin.

- ¿Que es el oro negro? - Preguntaron varias voces al unísono.

- El oro negro era un elixir mágico extraído de las entrañas del planeta entorno al cual, giraba toda su sociedad. Con él se movían, con él producían alimento, con él la noche se hacía día, con él se arropaban en invierno y con él..., unos pocos se enriquecían empobreciendo al resto. Y aunque había otras formas mucho más limpias y respetuosas de producir el mismo resultado, los señores "artificiales" no permitieron que los "naturales" accedieran a una energía alternativa limpia, mucho más asequible, mientras hubiera una sola gota de oro negro alojada en las entrañas del planeta.

- Ahora sabemos que abandonaron su planeta después de haberlo destruido. Ese fue el castigo del divino dios eterno que todo lo ve.

- ¡El destierro por ingratitud! - Clamó alguien desde lejos...

- ¡El día del juicio final! - Gritaron otros.

- ¡No! - Increpó el anciano con severidad. - Esa fue su propia sentencia tras el juicio sumario creado únicamente por aquellos seres contra sí mismos, pues el todo que nos contempla, no influye ni interviene en cuestiones ajenas a su propia creación, ya que para ello aquellos seres fueron dotados del libre albedrío. Ellos, fruto de la obra divina nacían perfectos pero se hacían perversos en un mundo inventado no natural. No culpéis a la divina inteligencia suprema que nada tiene que ver con la artificialidad impuesta. Recordad que los asuntos del hombre, tan solo al hombre competen y no al "todo" como os han hecho creer.

- Maestro: ¿como abandonaron el planeta?

- Podían volar porque dominaban los secretos de la ciencia gracias a su ingenio. De esta forma, acudiendo a su innato talento, construyeron mil nubes de hierro impulsadas por la partícula de dios* en un esfuerzo digno de su inteligencia, cuyo plan consistía en salvar a unos pocos para perpetuar su especie en algún otro lugar del universo.

- ¿Aún sabiendo que iban a morir?

- Aquella civilización de un modo u otro pese a la certeza de la muerte, colaboró en el empeño hasta conseguir ver partir a la expedición hacia el espacio, poco tiempo antes de que el último reducto de vida en su planeta se apagara para siempre. Para ese entonces los elegidos se encontrarían cruzando de lado a lado el universo, rebotando de lugar en lugar, hasta encontrar un sitio donde comenzar de nuevo para salvaguardar su estirpe.

La generosidad de los que murieron para que otros vivieran, sería recordada por largo tiempo en esta leyenda que realmente ahora empieza y yo os cuento.

---

* véase bosón de Higgs

La leyenda (5)

Ayudado por su cayado, el viejo hincó las rodillas sobre el suelo cogiendo lentamente con su mano un puñado de arena. A continuación, acercándose al gentío más cercano, lo mostró a la luz del fuego:
- ¿Quién de vosotros sabría decir cuantos granos de arena hay en este momento en mi mano?

Los hombres y mujeres, más aún los niños que en silencio asistían a la narrativa de la leyenda, permanecieron en silencio.
- Fueron muchos los soles - dijo abriendo su puño; - muchos más que todos los granos que ahora sujetan mis dedos, los que tardaron las descendencias de aquellos primeros supervivientes en recorrer el universo hasta que finalmente empujados por algo o quizá por alguien, acaso el azar o más bien el destino, les condujo hasta un mundo color azul y verde dorado por el sol del día y adornado por el blanco de la luna. ¡La Tierra!
- ¡Ohhh…! - Murmuraron todos aplaudiendo.
- Después de posar sus nubes voladoras de hierro, se maravillaron ante la magnánima biodiversidad natural, rica y llena de esplendor, pensando que en realidad lo que habían encontrado era el hogar abandonado de algún desconocido y solitario dios del que nadie había oído hablar.
En él hallaron oxígeno que respirar y alimento con el que subsistir. También agua pura como fresca fuente de vida en un lugar de infinita belleza, esculpida por la paciente mano de algún sabio escultor que la moldeó a imagen y semejanza de si mismo.
- Debió tardar muchos millones de años en construir nuestro planeta. - Apuntó una voz próxima.

- Es obra del más diestro escultor universal que no conoce tiempo, pues solo al hombre corresponde esa variable -, añadió un anciano cercano, - y así es como el "todo" se manifiesta a cada momento y en cualquier lugar.

- Después de una primera exploración - prosiguió el sabio bastón en mano - y tras comprobar que las condiciones naturales para la vida eran aptas, un profundo sentimiento de gratitud por la generosidad de la tierra descubierta se apoderó de ellos, decidiendo anidar en el que desde ese momento sería su nuevo hogar. Aquella decisión fue tomada como una segunda oportunidad concedida por la gracia natural a la que entregarían su respeto y bondad, como tributo a la abundancia del planeta que les acogería. Cuando llegó la oscuridad de aquel día, elevaron su mirar en aquella primera noche para enternecerse con la contemplación de la blanca luna llena, sobrecogiéndose a la mañana siguiente al observar el tranquilo y divino amanecer tras el horizonte entre innumerables sonidos de una desconocida naturaleza llena de color, movimiento y olor que interpretaron como una señal de primorosa bienvenida.

Presos de emoción, improvisaron un acto en el que rindieron homenaje a la memoria de los que dieron su vida en su planeta de origen para que ellos, tras muchas generaciones volando hasta encontrar la tierra, pudieran perpetuar su descendencia en aquella hermosa segunda oportunidad.

Estableciéndose en un principio en el interior de cuevas esculpidas en las montañas por aquel dios, fueron poco a poco levantando hogares mediante el empleo de materiales naturales. Por sublime respeto a la naturaleza, la carne y el pescado no formaban parte de su dieta, ya que toda criatura, tenía tanto o más derecho a la vida que aquellos seres, ya que ellos estaban aquí cuando los visitantes llegaron para establecerse en comunidades, donde la única jerarquía, la constituía el consejo de ancianos y cuya primera unánime decisión fue destruir sus naves.

Así la vida transcurría plácida, tranquila, viviendo bajo la abundancia natural. Los padres se encargaban de inculcar ética a sus hijos cuyo ideal, dignificaba su especie en connivencia con la naturaleza como valor inquebrantable, además de ser instruidos en diversas ciencias y la historia de su procedencia con el objetivo de aprender de los errores de un pasado que jamás debería volver a repetirse.

Profundos conocedores de las matemáticas y la física, levantaron colosales monumentos en su empeño por imitar la perfección del hábitat del lugar, empleando para ello únicamente piedra y madera, ésta última, de manera sostenible, utilizada para sus necesidades a un ritmo inferior al de regeneración del ecosistema.

Aprendieron a curar enfermedades tras un profuso estudio de las diferentes especies vegetales. Su sociedad progresaba sin prisa ni agobios, angustia o ansiedad, sin noción de un tiempo que no necesitaban en perfecta sincronización con la luz solar bajo mutua convivencia fraternal entregados a la generosidad, sin tuyo ni mío, sino nuestro, donde cada cuál tenía una misión que cumplir en la comunidad y un lugar que ocupar en beneficio colectivo. De esta forma para ellos, la política no era más que una gestión eficaz del entorno y nada más.

Conforme el tiempo pasaba se multiplicaron diseminándose por los cuatro puntos cardinales cultivando la tierra con gran efectividad, además de sacar provecho a la domesticación de especies y el pastoreo. Caminaban libres, sin barreras ni fronteras, sin banderas, colores ni estandartes separatistas o divisorios, y su única moneda aparte de la bondad era el trueque.

Cada elemento: grande o pequeño, vivo o inerte, visible o no, formaba una minúscula pieza divina dentro del gigantesco orden de la vida donde todo encajaba con precisión cuántica, como parte de un credo natural profesado en nombre del creador manifestado en todo momento, a cada instante, en cualquier lugar, en todas partes al mismo tiempo, para ser interpretado como un milagro visible, palpable y constante.

Fue aquella época la de mayor esplendor espiritual, cultural y social, más hermosa de todas cuantas hayan forjado la historia de la humanidad hasta nuestros días.

La leyenda (6)

Sin embargo, poco a poco, lentamente al principio, la superstición entró a formar parte de la vida del hombre cuando un minúsculo grupo quebrantó la primera regla sagrada.

Por casualidad encontraron piedras preciosas brillando bajo la tierra color cristal, rubí y zafiro, jade y esmeralda, plata y dorado. Su belleza les fue tan intensa, mística y extraordinaria, que convencidos de su poder sobrenatural, comenzaron a horadar celadamente la tierra para extraerlo con la intención de acapararlo, y así, diferenciarse del resto de la comunidad bajo la creencia de ser más poderosos cuanto mas tuvieran.

Pero pensando que habían encontrado el tesoro oculto del dios que había creado la tierra, sintieron algo que hasta entonces desconocían, pues solo dos únicos sentimientos son los que mueven al hombre en una quimérica dualidad: el amor como innata cualidad natural y el temor como condición artificial, a partir de los cuales subyuga todo lo demás.

Temiendo entonces que su descubrimiento fuera considerado un acto de usurpación que pudiera enfurecer al creador, decidieron guardar silencio y esconderlo durante un tiempo prudencial esperando acontecimientos. El amor que hasta entonces había primado encontró su parte contraria: el miedo, que por primera vez apareció para apresar su pensamiento. El ego, como veneno del hombre, comenzaba a surtir su efecto.

Pero el tiempo pasó sin que nada ocurriera, ya que la deidad que todo lo ve y que no conoce odio ni rencor menos aún venganza, no interfiere en los asuntos humanos, lo que hizo que aquel pequeño grupo de hombres se confiara perdiendo el miedo al creador mientras el pánico

43

artificial a perder su preciosa posesión, aumentaba sin que ellos pudieran advertirlo.

El consejo de ancianos enterado tiempo después del expolio recriminó duramente la acción. Fue entonces cuando los usurpadores diseñaron un plan: de un lado con la intención de salvaguardar la posesión hallada para aumentarla con el tiempo, y de otro, acaparar cuota de poder adueñándose del pensamiento colectivo capaz de provocar la caída de la jerarquía del consejo de ancianos. Para ello, concibieron un nuevo concepto desconocido hasta ese momento: la teología.

- ¿Qué es eso? - pregunto un adolescente.

- La religión - Contestó un anciano próximo.

- Tergiversando las enseñanzas espirituales inventaron la figura de un dios vengativo, justiciero, que condenaba los actos impropios de los hombres sentenciándoles a un fuego eterno al que llamaron infierno. Supuestamente tocados por su dedo, se erigieron como sus mas fieles seguidores, propagando falazmente que habían sido visitados por el desconocido y todopoderoso creador para asignarles una santa misión, la cual debería ser trasmitida por los denominados oradores mediante falsas pero convincentes explicaciones. Así se rodearon de un cuerpo de carácter militar pagado con su posesión mineral, mientras su hipotético poder sobrenatural, les daba derecho sirviéndose de la mentira y la fuerza, para someter a las masas a las nuevas enseñanzas.

Así la codicia por el metal, fue la semilla de un mal en alza propuesto y más tarde impuesto como orden general, para ganar lentamente peso en una sociedad que por falta de conocimiento, comenzó temerosa a creer en aquel dios inexistente que la mente humana había forjado.

Con la intención de captar mayor número de adeptos que sumisos satisficieran la comodidad de los oradores, crearon una astuta y poderosa arma capaz de crear recelo y desconfianza para ser empleada contra cualquier adversario que osara discutir la nueva verdad. Así nació la propaganda, cuya misión era difundir información intoxicada con la que influenciar la mente del pueblo mediante la confusión, consiguiendo adulterar con el tiempo la natural corriente de pensamiento colectivo para segmentar a la población en pequeños grupos más fácilmente controlables y por tanto gobernables, dado que el nuevo sistema, exigía ciega pleitesía jerárquica.

Fue entonces cuando establecieron una diferencia de clases formada por labradores, pastores, pescadores, ganaderos y artesanos. Los de en medio; es decir, comerciantes de las materias extraídas o fabricadas por los de abajo. Y finalmente los de arriba: amos del metal con el que hacer suyo todo recurso humano, natural y artificial.

Conforme la población aumentaba, la traidora enseñanza teológica fue creciendo gracias a su propagación por parte de más y más oradores, que errantes por la tierra, cumplían con el propósito de adulterar el pensamiento humano conforme al criterio, interés y beneficio encubierto del nuevo poder emergente. De esta forma, adulterada la verdad, la sucesión de generaciones fue borrando por olvido toda su filosofía natural al suprimir las enseñanzas originales del "aquí adentro", para ganar terreno a la cara externa del temor del "ahí afuera" tras un velo de banal artificialidad capaz de desnaturalizar cualquier origen.

La leyenda (7)

- Dinos anciano: ¿cómo puede cambiarse o transformarse un pensamiento, si este es etéreo, no tiene forma física y por tanto no puede tocarse? - Inquirió una voz ávida de curiosidad.

- ¿Necesitas ver la invisibilidad del aire para saber que está ahí?

Así es el pensamiento, como el aire, pues basta tu aliento para modificar su forma aunque no la veas.

- No lo entiendo.

- Todo lo que puedes observar o palpar, no es más que una ilusión a la que tu mente da forma porque todo es energía, incluyendo la piedra que ahora yace a tus pies. El pensamiento también es energía, por tanto, si logro condicionarte, influenciarte, manipularte a base de mentira y engaño aprovechándome de tu falta de conocimiento, entonces pensarás como yo quiero que lo hagas bajo una prisión emocional de la que no podrás escapar aunque sus paredes sean invisibles.

- Maestro: yo te comprendo, pero controlar mi pensamiento para darte mi rebaño es una cosa y hacerte con él otra.

- Si pretendo hacer mío algo que tú posees sin usar la fuerza, lo primero que haré será buscar sutilmente un hueco en tu debilidad. Tu falta de sabiduría, me mostrará el camino. Y si para ello debo mentir para conseguir mi fin, lo haré, pues cuanto más grande sea tu ignorancia, más fácil será sumirte en la confusión para después someterte emocionalmente a mi voluntad, bien de modo pacífico o por el contrario por el uso de la amenaza, extorsión o chantaje. En otras palabras; me adueño de tu miedo y éste te hará transigir en mi favor sin mayor esfuerzo. Así me entregarás como un cordero, lo que yo como lobo codicio de ti.

- Dime viejo, ¿y si no quiero entregártelo? - Preguntó una mujer.

- Si invento una idea o teoría aunque sea falsa y la repito mil veces con seguridad y poder de convicción, conseguiré convertir la mentira en verdad y tú por ignorancia la creerás, porque no osarás desconfiar de quien exhibe argumentos persuasivos aunque estos sean inciertos. Yo lo conseguiré aplicando mi astucia y tú me lo entregarás por flaqueza, inseguridad o miedo.

- ¡No lo tendrías tan fácil! - Replicó de nuevo la mujer.

El viejo se acercó a ella cogiendo con suavidad su mano.

- Si difundo que en una aldea situada diez pueblos más allá, adónde ni tú ni tu rebaño jamás habéis llegado, hubo una epidemia que ha diezmado a mil cabras y yo te digo con seria dosis teatral, que por el iris de sus ojos y el color de sus orejas una de tus cabras está enferma por contagio aéreo, tú, antes de conceder beneficio a la duda, matarás a la enferma por temor a que contagie al resto de tu rebaño. Cuando abandones el cadáver y salgas huyendo por miedo a la enfermedad, yo estaré esperando para llenar mi estómago. La propaganda se basa en hacer creíble la mentira.

- No es tan fácil engañarme. Yo sé muy bien si una de mis cabras está o no enferma. - Arguyó un pastor cercano al sabio.

- Imagina que te pido realizar un sacrificio en honor al dios que anoche visitó mis sueños, solicitando dignificar su gloria en un banquete al que tú como anfitrión estás invitado, añadiendo que ello te reportará la divina protección para tu rebaño. Te digo amigo mío que con toda seguridad accederás, porque no osarás poner en tela de juicio mi palabra cuando todos vosotros acudís a mí para pedir consejo. Si desconfiases de mi palabra, emplearé una convincente oratoria explicando que dios quiere a toda tu familia en el banquete contigo presidiendo la mesa. Y si aún sigues negándote, te diría que tu decisión puede provocar la ira de un dios que no admite negativa ni protesta, quedando sentenciado por castigo divino a una plaga capaz de exterminar todo tu rebaño.

En verdad te digo querido hermano que veo poco probable tu negativa, porque no concederás lugar a la duda por temor a la condena. Así de esta forma mis leales seguidores y yo, llenaremos nuestros estómagos ante el éxito del engaño gracias a tu falta de conocimiento…, tu miedo.

Una vez descubierto tu pánico el resto es fácil. Aunque no quieras me darás lo que deseo, pues mi astucia siempre será más poderosa que tu ignorancia.

- Yo soy fuerte y nunca he sentido miedo. ¿Por qué debería sentirlo ahora?

- El miedo nace de lo desconocido. Si codicio algo de ti pero no me das motivo para conseguirlo, puedo ser capaz de crearte un problema incluyendo una premeditada solución como antídoto que a mis deseos satisfaga cuando a mi vengas pidiendo mi ayuda. Tened en cuenta que cuando el miedo te supera, dejas de ser libre para convertirte en esclavo de las intenciones de la persona que lo genera. Debéis entender que la diferencia está en que el poder siempre te controlará bajo la amenaza de producirte un daño en mayor o menor cuantía, pero jamás podrá hacerlo mediante el amor. Esta es la dicotomía natural más importante de la vida.

La leyenda (8)

- Entonces; ¿consideras más fuerte la inteligencia que la fuerza? - Por supuesto que si. ¿Aún no lo entendéis? Cuanto mayor sea tu grado de conocimiento, más difícil me será adueñarme de tu pensamiento. Es entonces cuando la violencia aparece para imponer mi criterio si no puedo convencerte. Por ello es tan importante el conocimiento como herramienta del amor que deseche al temor. Así tu, eres quien inclina la balanza hacia un lado u otro, pues solo tú eres el único dios de tu vida que decide tu destino en base a estos dos únicos sentimientos y te aseguro que el resultado no será el mismo.
- Pero yo soy libre de pensar lo que deseé. - Dictó un muchacho sobresaliendo de entre el gentío.
- Nada ni nadie te impide pensar en libertad. El problema es que pienses de manera condicionada por quien influenció tu pensamiento sin ser consciente de ello. Una idea impuesta sutilmente en tu mente, sin que repares en ello, puede determinar por completo tus actos, comportamientos, pautas y costumbres para que te dirijas, hagas o digas lo deseado por quien manipuló tu pensamiento. El mejor ejemplo lo tenéis en el hombre blanco que desde hace mucho tiempo, hizo suyo lo ajeno mediante el uso del miedo para conseguir la supremacía racial que goza.
- Ellos poseen armas y nosotros solo palos y piedras.
- Emplearon su inteligencia y recursos para fabricar algo con lo que persuadirte, pues aquello que mata, genera miedo. Y si aprecias tu vida, harás lo que te digan por temor a perder lo más valioso que tienes. Así es como siempre ha sido y será mientras el hombre piense con temor y no con amor.

Un murmullo de comentarios se extendió en un eco creciente, momento que el viejo sabio aprovechó para beber agua que una niña le acercó en un cuenco de coco.

- Sigue anciano... Cuéntanos más de la leyenda.

- Las sociedades se dividieron según los cometidos impuestos por jerarquía piramidal - prosiguió pasando la mano por su boca para secar sus labios, - imponiendo leyes, criterios y tendencias siempre en avenencia con sus intereses. De esta forma se fraccionó a las masas en diferentes clases sociales, estableciendo que costa imponer a cada escala social, que pertenencias usurpar y que posesiones confiscar.

El pescado y la carne pasaron a formar parte de su dieta. La caza indiscriminada de todo tipo de especies por puro placer y no por hambre alcanzó auge. Dividieron la tierra en fronteras adornadas con banderas, símbolos y estandartes, dotándolas de comercio y finanzas autónomas como herramienta dinamizadora de locales envidias y recelos destructores.

Por superioridad muscular la mujer fue humillada al sentir miedo de sus instintos naturales y fortaleza mental, mucho más astuta, fría y calculadora que la del hombre. Se impuso la discriminación racial por el simple color de la piel, provocando dolor y sufrimiento en pueblos y razas que por desprecio fueron esclavizados, cuando no exterminados impunemente en defensa de un corrupto dogma, como así lo demuestra la historia al narrar como los mayores asesinatos, violaciones y barbaries, se cometieron en nombre de una teología de fanática doctrina adulterada para engrandecer al poder, sus oradores y secuaces en detrimento de la plebe, que privados de conocimiento, carecían de libertad y derechos. Y quien osara caminar por camino distinto, sería marcado como proscrito del sistema establecido.

La codicia de aquellos seres por el más y más junto al inconformismo de ser y tener más que los demás, carecía de límite, aunque para ello, provocara las penurias y miseria de quien fue pisado para que el poder ascendiera.

- Dinos viejo. ¿No es todo esto lo mismo que ocurrió en su planeta de origen? ¿No fue aquella la misma razón que les hizo abandonarlo cuando la vida en su mundo pereció por el mal que habían sembrado? - Preguntó un hombre dirigiendo su ciego mirar hacia la voz maestra.

- La historia se repite hermano - Contestó el anciano.

- Pero es incompresible. Ellos conocían su pasado, su origen...

- ...Oculto, adulterado, tergiversado; no lo olvidéis. Resulta imposible hallar la verdad cuando ésta es escondida, más aún cuando la mente humana olvida pronto la historia pero no así las nuevas enseñanzas aunque estas sean falsas.

- Esto está pasando ahora - Grito alguien desde lejos.

- Estamos sentenciados. - Vocifero otra voz al otro lado del corro. - Y volverá a ocurrir...

- Ellos, - continuó el sabio con grave tono, - con su falta de escrúpulos hacia la madre tierra, contaminan con sus fábricas la atmósfera que todos respiramos intoxicando aguas y tierras con sus vertidos; veneno de especies de los cuales el hombre se alimenta en el colmo de la más extrema necedad. Es en un ejercicio de inconsciencia, elevar la estupidez por encima de la inteligencia que caracteriza a nuestra raza, tomando sus decisiones desde el más absoluto delirio por el dinero en su indiferencia bajo la ignorancia hacia quien nos da la vida, diezmando sus pulmones con los que purificar el aire que respiramos, anulando su capacidad de regular térmicamente el clima planetario, provocando la desertización de las tierras y contribuyendo al calentamiento global de la atmósfera debido a los gases que producen el calor que desde hace años venimos padeciendo para enfermar nuestro planeta. El hombre avanza hacia el progreso involucionando hasta cotas insospechadas, sin hacer nada por un declive planetario que ha provocado y que se acentúa hasta lo insoportable para la propia naturaleza. Solo queda pues ahogarnos bajo el yugo de la opresión, la avaricia y usura, volviendo a cometer el mismo error que destruyó el planeta de origen de nuestros ancestros con la maldad por doctrina, capaz de aniquilar toda prosperidad en un mundo superado por la tecnología que el ser humano ha creado, dando la espalda al hambre de los pueblos, dando la bienvenida a la guerra, la desigualdad y la falta de equidad para retroceder intelectualmente. Así, dentro de poco, si no ha empezado ya, comenzará un genocidio encubierto para diezmar a una población a la que no puede alimentar ni satisfacer de energía si el modelo implantado no es erradico del sistema. El destino del hombre pasa por volver inicialmente a las cavernas que aquellos visitantes ocuparon cuando decidieron quedarse en este bello planeta, ahora mancillado para nuestra desgracia. Lo que le ocurre a la tierra no es venganza, sino el resultado de nuestros actos.

- ¿Que será entonces del hombre? - Preguntó un joven que entre sus brazos sujetaba a su hijo de meses.

Absorto, inmóvil, como si de una estatua se tratara, los ojos del viejo sabio comenzaron a humedecerse sin que nadie pudiera advertir cual era el sentimiento que produjo el brotar de sus lágrimas. Finalmente, tras un breve intervalo de tiempo, un halo de voz susurró:

- No puedo contestar a eso porque el ser humano aún no ha escrito el capítulo final de su historia. Tan solo puedo decir que el hombre actual, es la descendencia directa de aquellos seres buenos que ocuparon este planeta y que hoy, nos contemplan sonriendo desde las estrellas como a seres primitivos incapaces de aprender de su pasado, de su historia y en consecuencia de sus errores y equivocaciones. La leyenda de nuestra especie continuará tras nosotros cuando ya no estemos, hasta convertirse en un eco de sí misma cuando el sueño del ser humano por destruir el planeta se haga realidad. Y a decir verdad, no parece que haya nubes de hierro capaces de llevar a nuestra raza a otro lugar.

- FIN -

Blanco y Negro (1)

No necesito observar el reloj para saber que son aproximadamente las cinco y veinte de la mañana. Lo sé, porque los alegres cantos del negro mirlo tempranero siempre fieles a su cita matutina, acuden a despertarme con precisión costumbrista pese a que la noche y con ella su oscuridad, aún lo inunda todo. Y aunque no tenga necesidad de madrugar pues nada especial tengo pensado hacer hoy, me levanto como es habitual con presteza libre de pereza, agradecido por recibir este nuevo día que la vida me regala mientras el bello silencio de mi hogar, me lleva a escuchar las enseñanzas de una sabia y solitaria consejera llamada Soledad, que sentida en profundidad, es capaz de ilustrarme con un saber que como dentro de ti, también habita dentro de mi.

Sin embargo hoy, ignoro el por qué, tengo la extraña sensación de que algo o quizá alguien no solo me vigila sino me acompaña tras dar siete, a lo sumo ocho pasos que separan mi habitación del baño, con la certeza de querer adueñarse de mi a la menor oportunidad con…, no sé que intención. Y aunque no me molesta ni inquieta, pues serán cosas de mi recién despertar, me intriga, pues más que sensación, resulta una inaudita convicción.

- Lo que si sé, es que no es Soledad.

Libre de ropa y con la intención de desentumecer mi musculatura con el relax de una ducha de agua fría, una aguda punzada en la planta del pie me sobresalta. Tras tomar asiento sobre una silla y alzarlo cruzando las piernas, me dispongo a comprobar que es lo que provoca el intenso dolor, observando por el leve reguero de sangre, que algo se ha clavado a la altura del talón.

Extrayéndolo con los dedos, observo un pequeño cristal incrustado en la carne sin que acierte a entender como es posible que haya podido suceder algo así, mucho menos cuando mi memoria no halla nada que en días pasados se hubiera roto, menos aún en el baño.

- ¡Qué extraño! - Pienso sin darle mayor importancia, por lo que cerrando la mampara de la bañera, la suave frescura del agua dócil comienza a resbalar por mi cuerpo dejando que su caricia calma y serena me inunde despacio; atrapado por el sonido de la cascada de la ducha a contrapunto con una suave melodía al piano de Chopin resonando en mi mente, cuando de pronto, repentinamente, el agua comenzó a elevar su temperatura hasta llegar a lo insoportable.

Con un rápido acto reflejo logro cerrar el grifo color rojo justo antes de llegar a quemarme, sin que el hecho de mi veloz movimiento lograra calmar la pronta rojez de mi piel.

- No he abierto el grifo del agua caliente ni cerré el del agua fría. - ¡Qué raro! - Pensé

Después de secarme con prontitud y aplicar sobre mi piel una pomada antiquemaduras colocando posteriormente una tirita en la pequeña herida del pie, súbitamente, una música estridente procedente del salón sobresaltó mi estado. El ruido era tan insoportable, que de un salto pude llegar hasta el origen para comprobar como la radio se encuentra encendida a todo volumen.

Sorprendido, la apago.

- ¡Vaya mañana que llevo! En menos de diez minutos me he clavado un cristal en la planta del pie, me he quemado la piel con agua casi hirviendo y la radio, incomprensiblemente, se enciende sola. - Serán cosas fortuitas, ¡digo yo!

Ya en la cocina, con un ojo en todos lados y el otro en mi desayuno, aún conservo esa extraña sensación que se levantó conmigo tras despertar. Y aunque con cierto desconcierto por los anómalos acontecimientos, me siento tranquilo al tener la absoluta certeza de saber que nadie más que yo está en mi hogar.

De pronto y de manera persistente el timbre de la puerta comienza a sonar, por lo que apresuro el paso hasta girar el pomo para advertir que nada ni nadie, excepto mi sorpresa, se encontraba frente a mí.

- Esto comienza a ser una pesadilla - Deduje mirando a un lado y luego a otro. La oscura calle clareada por la luz de las farolas aparecía vacía, únicamente ocupada en la lejanía por el camión de recogida de basura con sus operarios manejando con destreza los contenedores, y algún que otro despistado transeúnte bostezando camino de su automóvil para ir, supongo, camino del trabajo. Cerrando la puerta, el tono del teléfono me lleva a descolgarlo.

- ¿Dígame? - Pero nadie contesta, lo que me hace pensar en que tal vez aún me encuentre durmiendo bajo un profundo sueño de sucesivas rarezas sin pies ni cabeza, aunque a decir verdad, tanta viveza comienza a perturbarme levemente.

Una taza de té verde junto a un pan tostado sobrante de ayer, es untado con aceite de oliva, hierbas provenzales y ajo en polvo para hacerme olvidar imposibles fantasmas de incomprensible misterio al centrar mi paladar en tan agradable sabor, mientras el curioso e incansable canto de mil mirlos, versan sobre sus asuntos como buenos vecinos cuando el amanecer, lentamente, acontece tras el horizonte sobre el mar. Y en esas estaba yo cuando de repente, un nuevo espanto vino a sumarse a la calma que ya parecía regresar:

La televisión, apagada hasta ese momento, se encendió inexplicablemente como antes lo hiciera la radio, esta vez, para escuchar la voz del presentador de las noticias de las siete narrando los titulares:

- Un nuevo caso de corrupción política ensombrece el panorama actual: La guardia civil, por orden del juez Antonio Jover, ha instruido diligencias contra el alcalde del ayuntamiento de El Encinar por delitos cometidos contra la hacienda pública, cohecho y tráfico de influencias. En estos momentos se encuentra en dependencias policiales a la espera de prisión sin fianza decretado por el juez…

Nuevo atentado en las proximidades de una mezquita en Bagdad, donde al menos cuarenta personas, muchos de ellos niños, han sido masacradas por un conductor suicida cuando los fieles asistían a la llamada del imán para el ladan…

Corea del norte amenaza de nuevo con desestabilizar la zona al lanzar un misil de pruebas de alcance medio. Corea del sur, Japón y los Estados Unidos, se han apresurado a convocar con carácter de urgencia una reunión del consejo permanente de las naciones unidas para analizar…

- ¿Quién ha encendido la maldita televisión? - Me pregunto mentalmente - No sé por qué tengo ese nocivo cacharro que nunca utilizo y que tan pernicioso considero. Prefiero destrozar mi mente con un mal libro que dejarme convencer por la mentira interesada. No soporto la manipulación de la información que los medios de comunicación ejercen para idiotizar a la sociedad…

- ¡He sido yo!

- ¿Eh…? ¿Quién habla? - Pregunto asustado con la mirada en todas partes buscando la procedencia de la voz sin hallar respuesta ni imagen que me aclare la rocambolesca situación.

Clavando mis ojos en la televisión, la imagen muestra al presentador leyendo su teleprompter como si con él no fuera la voz que yo había escuchado.

- ¡No ha sido el televisor y la radio está apagada! - Me digo, como si con ello quisiera asegurarme de no enloquecer. Sé que aquí hay alguien y que aquella voz fue real.

- ¿Quién está ahí?

Dejando la tostada sobre el plato no sin cierta turbación, me asomo al salón para deambular posteriormente por cada habitación, comprobando posteriormente el baño, terraza, solana y despensa, para volver de nuevo a la cocina: nada… ¡Nadie!

Sin embargo un detalle me paraliza. Al regresar a la cocina, algo más tranquilo con la intención de retomar mi desayuno, mi taza de té aparece sobre la mesa dividida en cuatro trozos sin bordes irregulares, marcas o roturas; como si hubiera sido cortada a cuchillo como la mantequilla. A todo esto, sin una sola gota de té derramada por la mesa y que yo aún no había terminado de tomar. Instintivamente, sin pensar, mi mano fue directa al primer cajón donde se encuentran los cubiertos para extraer un largo y afilado cuchillo carnicero.

- ¡Aquí pasa algo!

Mirando a todos lados empiezo a entender que los extraños sucesos desde que desperté, no son fruto de mi imaginación. Algo está ocurriendo y no precisamente en mi mente, sino aquí, en mi casa, en el mundo real.

- ¿Quién está ahí? - Vuelvo a preguntar alarmado justo en el instante en el que un fuerte ruido, en forma de estrepitoso golpe proveniente del exterior de la casa, fue seguido de unos gritos. Con el corazón a punto de salir del pecho y cada uno de mis músculos en tensión, me acerco hasta la ventana de la cocina sin dejar de observar a mi alrededor. Separando levemente la cortina en busca del origen de la alarma, intento calmar mi tensa curiosidad en un mar de nervios que ni entiendo ni comprendo, mientras la certeza más que sospecha de no estar solo…, me acecha. Dos coches en forma de acordeón por su parte frontal, aparecen en la calle frente a mi vivienda en lo que aparentemente ha sido un accidente de tráfico. Sin ver a nadie tras de mi, a un lado ni a otro en la cocina, aún con el cuchillo en mano, deslizo aún más la cortina para tener mayor campo de visión, observando con nitidez como la luna delantera de uno de los vehículos se encontraba teñida de rojo, mientras en el otro coche involucrado, un hombre con sangre en la cabeza bajaba de su automóvil a duras penas conmocionado por el golpe haciendo esfuerzos por mantenerse en pie. En un rápido vistazo general pude advertir como el número de cotillas, incluido yo, iba aumentando conforme la curiosidad y el morbo se hacían dueños de la situación, mientras algunos viandantes caminaban hacia el lugar de la escena con los brazos sobre la cabeza en señal de pavor.

- ¿Qué está pasando hoy?

- ¿Qué más quieres que ocurra para convencerte de que estoy aquí? - Respondió la misma voz que antes.

Muerto de miedo y al borde del infarto, alcé el cuchillo amenazante sin saber a quien atacar o de quien defenderme. La voz, por su intensidad, estaba a mi lado.

- ¡Te hablo a ti!

- ¿Quién eres? - Pregunté horrorizado. - ¿Dónde estás?

- Puedes oírme. ¿No es suficiente?

- ¿Qué es lo que quieres de mi?

- Hablar contigo simplemente.

- Muéstrate; no hablaré contigo si no puedo verte.

- ¿Necesita un ciego ver para saber que la vida se mueve a su alrededor? Ya estás hablando conmigo. Tu miedo lo hace por ti.

- ¿Qué quieres de mi? ¿Quién eres?

- Soy: el cristal clavado en tu pié, la quemadura del agua en tu brazo, la canción que escuchaste en la radio y las pésimas noticias de tu televisión. El silencio de tus queridos mirlos ahora callados, la mano que llamó a tu puerta, el timbre de tu teléfono y el accidente que frente a tu casa acaba de ocurrir. Y aunque sabes que existo nunca me verás llegar, pues siempre llego por detrás, actúo por sorpresa y nunca voy de frente...

Blanco y Negro (2)

- No…, no entiendo - Balbuceé al borde del colapso.
- ¡Siéntate! No te haré daño..., al menos por el momento.
- ¿Es dinero lo que quieres?

Las carcajadas retumbaron por entre las paredes de mi domicilio.

- Vuestro insulso dinero de nada me sirve pues puedo hacer lo que me plazca sin necesidad de él, aunque debo reconocer que vuestra pleitesía hacia él sirve a mis propósitos.
- Entonces, ¿qué quieres?
- ¡Tu corazón!
- ¿Qué…? - Pregunté mascullando lleno de incredulidad mientras mis esfínteres comenzaban a relajarse peligrosamente sin que me diera cuenta de ello.
- Deseo conocer el corazón que alberga tu pecho, pues desde hace ya mucho tiempo no vienes a visitarme.
- ¡Oye! No sé lo que quieres. ¡Mira! Dejaré el cuchillo aquí, ¿lo ves?, sobre la encimera. Me retiraré lejos de él. Coge cuanto quieras pero no me hagas daño. No llamaré a la policía, ¡te lo prometo! Puedes cortar el cable telefónico para cerciorarte que no lo haré.
- Quieras o no, te guste o no, con o sin cuchillo, con o sin policía, puedo hacer todo cuanto se me antoje. Nada de lo que puedas hacer me inquieta, pues nada puedes hacer contra mí.
- ¿Donde estás? Por favor, ¡déjame verte!
- Si deseas encontrarme no te será difícil pues estoy en todas partes, en cualquier lugar o situación, momento e instante, instalado en la mente del hombre para infectarlo con mis actos.
- ¿Eres un demonio o algo así?

- Soy lo que muchos de vosotros en vuestra ignorante inconsciencia habéis creado y después alimentado generación tras generación, desde el primer momento que vuestro raciocinio os permitió pensar para diferenciaros de las bestias.

En situaciones como esta es cuando la mente humana puede trabajar de manera más rápida y efectiva, por lo que analizando la situación en lo que me pareció menos de un segundo, deduje que la mejor opción era mantenerme sereno y tranquilo.

Si "la voz", fuera quien fuera, hubiera querido robarme, causarme daño o incluso quitarme la vida, ya hubiera actuado. Y si ella era la culpable de todas las rarezas que estaban ocurriendo, mejor sería adoptar un talante conciliador. Para ello debo desplegar toda mi diplomacia y templanza.

- De acuerdo. Si como has dicho deseas conocer mi corazón, es que tal vez te interese el bien que hay en él.

- No me interesa tu bien - Replicó alzando la voz molesto - Quiero saber que blinda tu pensamiento para que tu corazón no desee hacer mal a nada ni a nadie.

- ¿Quieres un té? - Pregunté dando falsa sensación de normalidad.

- Ya me bebí el tuyo.

- ¿Te importa entonces que me sirva una taza si es que no has roto alguna más?

La voz no contestó.

Aprovechando mi media vuelta para inclinar la tetera sobre la taza, de reojo advertí la presencia del cuchillo que aún seguía sobre la encimera en el mismo lugar donde lo dejé, sin saber a que adversario enfrentarme en caso de utilizarlo.

La voz era tan clara y cercana, tan nítida, que los esfuerzos para no cogerlo con mi mano fueron grandes. Debía mantener la calma y no provocar con un mal paso una situación peligrosa en mi contra. Pero de repente, despacio, como si el tiempo avanzara a cámara lenta, el cuchillo levitó hasta detenerse momentánea y amenazadoramente a la altura de mis ojos. Tras un pequeño intervalo de tiempo, se alejó hasta el otro lado de la cocina desplomándose ruidosamente de manera súbita contra el suelo.

Me quedé paralizado.

- Ya veo que lees la mente - Acerté a decir.

- He quitado el cuchillo de tu lado no por miedo a que lo utilices contra mí, pues ni uno ni mil podrían acabar conmigo, sino para…

- …Mostrarme tu poder...?

- ¡En efecto! - Respondió.

Desde ese instante comprendí que lo que tenía tan cerca de mí no era otra cosa que el mal; la desgracia que al hombre acecha en cada esquina, situación, tiempo o lugar, habitando en su mente para contaminar su corazón y así dirigir sus actos con los cuales conseguir un beneficio mediante un perjuicio.

- Ese pensamiento que tu mente acaba de crear ha nacido desde lo más hondo de ti, y eso es exactamente lo que deseo conocer.

- ¿Cómo debo llamarte para dirigirme a ti?

- Eso no importa.

- Recuerda que soy humano y de alguna manera debo traducir esta situación a algo que pueda comprender. Así que te llamaré negro, pues para mi procedes de las tinieblas del más oscuro lado humano.

- Buena descripción. ¡Me gusta!

- Si vamos a hablar de tu a tu y si de colores se trata, yo seré blanco, el inmaculado que me caracteriza y que a ti tanto te interesa. De esta manera estaremos a la par.

- Puedo advertir en ti calma donde antes había intranquilidad.

- Cuando el hombre se enfrenta a un problema, solo dos cosas puede hacer: una es dilatarlo en el tiempo intentando que la solución llegue por si sola. Así el tiempo se convierte en un peligroso enemigo de incierto resultado, pues mientras llega la solución, la angustia y la ansiedad por la incertidumbre se adueñará de toda situación mermando el estado físico y sobre todo psíquico, anulando cualquier capacidad resolutiva. Yo en cambio acepto el inconveniente o la adversidad, consiguiendo minimizar en parte la preocupación. Acto seguido me enfrento a él analizando los múltiples caminos que me lleven a la solución. Escojo y después actúo, y si me equivoco, no lo sanciono como un error que tan solo lleva al remordimiento o la frustración, sino como un aprendizaje que sin duda me servirá para no errar el día de mañana. Y si mi decisión de nuevo resultara equivocada, volveré a elegir una opción lo más acertada posible conforme al sentido común, hasta que la solución me lleve definitivamente a un resultado final satisfactorio.

- Eso no explica por qué no me utilizas para tus fines.

- La bondad es mi mejor espada, mientras que la humildad es mi mejor escudo para luchar contra ti. Para mí el mal o el bien no existen más que en la mente humana, manipulada desde tiempos inmemoriales para llegar a esa errónea conclusión. Así la dualidad se convierte en relativa dependiendo del punto de vista de cada cual, pues lo que es bueno para ti, puede ser malo para mi o viceversa.

- Entonces según tu, ¿que soy yo si el mal no existe?

- Eres lo incorrecto conforme a la propia interpretación del individuo según su manera de pensar, ver y entender la vida, sus singularidades o avatares.

64

- Me conmueves con tu discurso.

- El hombre solo es capaz de pensar y actuar en base a dos únicos sentimientos: con amor o con temor a partir de los cuales subyace todo lo demás.

- Vas a conseguir enternecerme - Interrumpió sarcásticamente.

- El ser humano teme lo desconocido. Siempre ha sido así desde que el hombre comenzara a razonar. Si el temor es la elección, llegará la cobardía y la sumisión, el error, cuando no la traición, división o desunión y más tarde o temprano de una u otra forma, el enfrentamiento y el dolor. El miedo es el mayor aliado del ego, pues ciega, arrincona y aísla, rehuye la realidad en la búsqueda del individualismo. Es presuntuoso, egoísta, avaricioso y envidioso, siempre pendiente de satisfacer al deseo, la codicia y la usura, temeroso a la pérdida de un estatus, de una posición de poder o posesión material. Es embustero, hipócrita y pendenciero. Crea un orgullo ligado a la ignorancia de intentar quedar por encima del criterio y posición de los demás, actuando bajo el pavor de ser o tener menos que los demás.

- ¿Vas a seguir dándome románticas lecciones?

- El miedo existe por ignorancia, por desconocimiento, genera intolerancia absorbido por su frenesí, vanidad y ambición, para instalarse en el corazón como herramienta que justifique alcanzar una meta pese al daño o dolor cometido contra alguien o algo. Es la más perfecta obra creada por el hombre para destruirse mutuamente, hasta que finalmente, acontezca su juicio final: un litigio contra si mismo cuando por traición a la creación que lo alberga y sustenta, destruya todo lo que en préstamo le ha sido concedido.

El amor en cambio siempre va de frente, huyendo de individualismos para unir y sumar con generosidad en pro

de la colectividad, gracias como digo a su bondad y humildad. Es honesto y sincero, honrado, fiel y leal, afectuoso, dulce y tierno, amable y cortes, educado, respetuoso y tolerante, siempre con la voluntad de actuar por un bien que a todas partes satisfaga…
- ¡Basta!
- ¿Te hace daño escuchar la verdad?
- Me aburres con tu ridícula exposición melodramática. Era más interesante cuando al principio me definiste…
- ¿Tienes miedo al bien?
- ¡Yo no necesito del bien para alcanzar mis objetivos!
- ¡Y yo no te necesito a ti para lograr los míos! Gracias al negro que todo lo complica y que a ti te caracteriza, conozco el sencillo blanco que me permite aflorar la conciencia que deshace la dualidad; aquella que valora lo correcto desechando lo incorrecto.
El blanco es lógica y coherencia, el sentido común más cercano a la verdad que hace evolucionar espiritualmente al hombre. Cuando el blanco muestra su conocimiento y te sitúas del lado claro, entonces la libertad comienza a despertar como resultado de una conciencia liberada. Todo lo contrario es lúgubre e insulso, oscuro y tenebroso: del todo negro.
- Voy a echarme a llorar. ¡Tus palabras me resultan asquerosas!
- ¿Eres incapaz de admitir que el bien sea más fuerte que el mal?
En el preciso momento en el que termine de formular mi pregunta, sin que si quiera pasara un solo segundo, el cuchillo carnicero se elevó del suelo para situarse a tan solo cinco centímetros de mis ojos con su afilada punta amenazándome.
- ¡Ten cuidado!

- No conseguirás intimidarme con tu amenazante inferioridad. Mi voluntad para rechazarte es férrea.
- Puedo destruir tu mente, corromper tu razón y condicionar tus actos cuando me plazca.
- Si así lo crees, ¿porque has venido entonces a visitarme? ¿Tan difícil te resulta convencerme? Este es el poder que deseabas conocer: el que rige mi paz espiritual desde mi "yo" interior. Soy yo quien tiene la potestad de decidir en que lado de la balanza deseo estar, por eso la ilusión, la esperanza, mi esfuerzo y tesón, constituyen las cualidades que me permiten caminar por el correcto sendero que al logro de mis metas y objetivos me lleve sin causar daño a nadie. Es la fuerza de mi fe espiritual, algo totalmente ajeno a ti que todo lo consigues por la vía más fácil, rápida y dañina. Y así seguiré aunque me cueste la vida conseguir mis sueños. El premio final es infinitamente más gratificante, pleno y duradero que tu insatisfacción permanente.

Fue entonces cuando radio y televisión, a todo volumen, comenzaron a sonar de manera ensordecedora, al mismo tiempo que las bombillas de las lámparas reventaban en una lluvia de cristales provocando un fuerte estallido. Precedido por un fuerte fragor, una tubería se rompió inundando la cocina mientras la ambulancia que estaba afuera, en la calle, con el herido del accidente en su interior a punto de iniciar su marcha hacia el hospital, tuvo que renunciar ante los infructuosos esfuerzos del conductor por arrancar el motor aparentemente averiado, manifestando el afán del mal por llevarse al otro mundo al pobre moribundo que debía ser hospitalizado de urgencia.
Fue entonces, en aquel instante, cuando supe lo que debía hacer.
Y sin vacilar un ápice, lo hice…

Blanco y Negro (3)

Con una agilidad que hasta a mi mismo me sorprendió, me dispuse a cerrar la llave general de paso de agua deteniendo la fuga. A continuación, cortando el fluido desde el cuadro eléctrico, radio y televisión dejaron de sonar. En tan solo seis movimientos ya estaba vestido, y en menos de cinco minutos, me encontraba en la calle hablando con uno de los sanitarios de la ambulancia.

- Ese hombre necesita ir urgentemente al hospital. Yo puedo llevarle en mi automóvil. ¿Quiere usted venir conmigo o prefiere que muera desangrado?

Sin pensarlo dos veces, el sanitario y su compañero introdujeron con cuidado al herido en el interior de mi vehículo. Uno de ellos se quedó con él en la parte posterior, sujetando una botella de suero como buenamente pudo conectada al brazo del herido.

- No lo conseguirás...

- ¡Cállate! - Exclamé en voz alta sin recordar que no estaba solo, pudiendo comprobar por mi espejo interior, la mirada extrañada del sanitario. - No conseguirás detenerme en mi empeño por salvar la vida a ese hombre - Repliqué.

Pocos minutos después ya estábamos en las urgencias hospitalarias. Bajando de mi coche y en auxilio del sanitario, conseguimos colocar al accidentado sobre una camilla que desapareció rápidamente tras la puerta de acceso restringido, quedándome en la sala de visitas a la espera de noticias. Dos monedas y menos de treinta segundos después, bastaron para que el café de la máquina estuviera listo.

Tras tomar asiento solo podía hacer una cosa: confiar que los médicos consiguieran detener la fuerte hemorragia de aquel hombre, para que al menos, dentro de la gravedad, pudiera salir airoso del accidente.

- ¡Morirá!

- ¡No, no lo hará! - Contesté. - Mi convencimiento sujeto a la esperanza es superior a la fuerza de tu maligno deseo.

- ¿Y a ti qué más te da? Ni siquiera le conoces.

- Ahora ya sabes que es lo que inunda y mueve mi corazón. ¿No era esto lo que querías conocer de él? Se llama compasión.

- ¡Qué perdida de tiempo!

Ignorando la voz decido pasear. Necesito tomar aire fresco ya que no me informarán hasta que transcurra, intuyo, bastante tiempo. Ya en la calle, justo tras abandonar el recinto hospitalario, una densa y blanca humareda salida del escape de un autobús cercano con el motor estropeado, me envolvió súbitamente. Las sonoras carcajadas de la voz resonaron burlonamente en mi interior cuando me invadió una repentina tos por el anhídrido carbónico.

- Podrás reír cuanto quieras, pero yo recuperaré pronto la respiración mientras que tú, no cambiarás en nada para seguir siendo igual de detestable.

- Es un buen piropo.

- ¡Déjame en paz! - Sentencié - No quiero oírte más pues nada conseguirás. ¡Aléjate de mí!

Poco después, apenas a treinta metros de la puerta del hospital, una mujer de avanzada edad vestida de harapos con la mano extendida y la mirada perdida, se encontraba sentada sobre el suelo rumiando palabras ininteligibles, acaso hablando consigo misma o tal vez implorando al cielo esperando que sus oraciones fueran escuchadas ante su evidente desdicha. Creo, a buen seguro, que está en íntima conversación directa con el mismísimo dios.

Tras echar mano al bolsillo, extendí sobre su palma un billete de cinco euros. El monólogo diálogo de la mujer se detuvo repentinamente para clavar la profundidad de sus ojos agradecidos sobre mi, siendo devuelta por mi parte con una leve y solidaria sonrisa de ánimo y apoyo.

- Dios le bendiga señor. - Acertó finalmente a decir.

La voz no osó pronunciarse.

Dos calles más allá, en un callejón sin salida, un indigente demasiado escuálido para defenderse, aparecía arrinconado a punto de ser asaltado por dos jóvenes desaprensivos, que entre risas macabras y agresivos insultos, tenían a la víctima temblorosa. Acercándome por la espalda hacia uno de ellos sin ser visto, no dudé en lanzar con fuerza mi dedo corazón a la altura del cuello tras el lóbulo de su oreja. A juzgar por su alarido, el dolor debió ser tan insoportable que su amigo huyó despavorido. Al dejar de presionarle rehuyó la pelea abandonando el callejón disparado calle abajo, cayendo en su espantada dos veces al suelo fruto del mareo por mi acción, hasta que finalmente desapareció de mi vista.

- Eh, viejo… ¿Está usted bien?

El hombre, visiblemente asustado y con los ojos desencajados, me miró con vehemencia colocando su mano sobre mi hombro.

- Gracias - Exclamó. - Ha faltado poco para que…

- Ya pasó. ¡Venga conmigo! En la cafetería de la esquina podrá tranquilizarse y desayunar cuanto quiera - Le dije mirando su lastimoso aspecto sin que el hombre rechistara.

Una vez dentro, sentados en la barra, el hombre degustaba con ávido deleite un croissant relleno de mantequilla con mermelada y una taza de café con leche, mientras el camarero preparaba un bocadillo, un dulce de chocolate, una naranja y una manzana que había pedido para que el viejo tuviera hoy que comer. Un billete de diez euros bien empleado, le darían para la cena y con suerte para el desayuno de mañana. El costo total, a mi no me empobrecería más de lo que soy, y al menos el hombre en su indigencia, no tendría que buscar comida esta noche en la basura hasta mañana por la tarde. Y esa sola idea, me reconfortó.

Ambos nos miramos satisfechos: en mi caso, no por mi acción, sino por la complacida faz de su rostro al despedirnos, donde el pobre hombre no acertaba a encontrar las palabras adecuadas que expresaran su gratitud. Y esa mirada silenciosa, acuosa y sincera, no puede pagarse ni con todo el dinero del mundo.

Un apretón de manos sin despedida bastó para dedicarnos complacencia.

Al retomar mi paseo, una botella de plástico y una lata de cerveza ambas usadas yacían en la acera. Agachándome las deposité en el contenedor más cercano; la botella en el contenedor amarillo habilitado para la recogida de plástico y la lata, en la parte de metálicos, para posteriormente dirigirme al hospital en busca de noticias.

No tuve que esperar demasiado. Poco después de llegar el médico de urgencias que lo atendió y que en ese momento se encontraba junto a dos asistentes en el exterior fumando un cigarrillo, me informó que el accidentado presentaba un fuerte traumatismo craneal agravado por herida inciso contusa en la cabeza, causa que motivó la escandalosa hemorragia a la altura de la sien. Afortunadamente y pese a revestir cierta gravedad, se encontraba estable y fuera de peligro, pero quedaría ingresado preventivamente hasta mejorar. Si todo iba bien en veinticuatro a lo sumo cuarenta y ocho horas sería dado de alta.

Mirando al cielo respiré aliviado.

- Ha perdido mucha sangre pero ahora ya no hay peligro.

- Siento mucho no haber podido hacer nada por la otra persona involucrada en el accidente. No tuvo tanta suerte.
- Expresé intentando evadir mi sentimiento de culpa.
- A veces señor, las cosas ocurren porque si, aunque no entendamos que no es hora todavía para irse.
- Gracias doctor. Ha sido usted muy amable.
- Gracias a usted por la generosidad de su gesto.

Saliendo a la calle de nuevo, esta vez sin malos humos, recordé que debía pasar por el vivero a recoger un pino y un saco de tierra con abono, pues el próximo sábado, los vecinos del barrio tenemos una plantación y posterior merienda de convivencia en un campo cercano; desnudo de vida desde que un incendio provocado por unos energúmenos el pasado otoño, arrasara los vetustos árboles que de sombra cobijaban a los ancianos del lugar que hasta allí se acercaban a pasar la tarde.
- Buenos días Juan…
- Buenos días doña Inés. ¿Como está usted?
- No tan bien como tu, pero gracias mi niño. ¿Y tú, como estás?
- No tan lozano y en tan buena forma como usted, siempre joven y guapa. ¡Ay! Si yo la hubiera conocido antes...
- Me haces sonreír, siempre tan gentil... ¿Irás a la "plantá"?
- Acabo de meter en el coche mi árbol y un saco de tierra.
- Pues nos veremos allí entonces. Yo iré con mi nieto ya que mi marido se quedará en casa viendo el dichoso fútbol.

- Seguro que lo pasamos bien. Recuerdos a Don Pedro. Cuídese.
- Y tú buen mozo: encuentra pronto hembra que estás de buen ver y en edad de mujer…, que el tiempo pasa muy deprisa.
- Me va usted a sacar los colores doña Inés.
- ¡Con Dios don Juan!

Cogiendo el teléfono, ya de vuelta en casa, llamé a un fontanero que afortunadamente acudió prontamente a subsanar la avería, gracias a la cuál, pude abrir la llave de paso general para tomar una ducha; esta vez sin cortes en el pié, quemaduras ni sonidos estridentes, sustos ni sobresaltos.

La voz nunca más volvió a aparecer, tal vez porque entendió que nada tenía que hacer cuando la voluntad de intentar hacer las cosas bien, más aún si de velar por los demás se refiere junto a una actitud positiva basada en un constante optimismo pese a la adversidad, hacen que la esperanza por un mundo mejor sea la fuerza motora capaz de vencer todo mal, cualquier oposición, cualquier división, cualquier situación en la que muchos viven con malsana intención desestabilizadora auto influenciando negativamente su pensamiento para condicionar de manera pesimista sus pautas y comportamientos que a la consecución de un despropósito les lleve, sin que nada importe cualquier medio o justificación para alcanzar un fin.

Sin embargo pese a no escucharla, ella sigue sus andanzas por el mundo intentando reclutar mayor número de adeptos a su causa, a los cuales intoxicar su mente para contaminar sus actos y así, enfermar al hombre consumido en su propia avaricia por el más y más. De igual modo es vital comprender que no podemos ni debemos actuar por una causa justa pensando en el "hoy por ti y mañana por mí", ya que podría llevarnos al insano interés de esperar algo a cambio una vez hecha la acción. Por eso el altruismo debe ser abierto, discreto y sincero, sin ruido, haciendo lo correcto por algo o alguien que verdaderamente lo necesite sin otra recompensa que no sea la de una sonrisa agradecida, una palabra o mirada afectiva capaz de paliar el dolor y sufrimiento ajeno aunque sea por un momento.

La bondad ofrecida con generosidad, debe ser el mensaje de esperanza que contagie a los demás en estos difíciles tiempos. Y si el ejemplo es el "correcto", entonces lo "bueno" tendrá significado, cundirá y se multiplicará indiscutiblemente para que la paz del ser interior que habita en todos nosotros, triunfe sobre la inestabilidad, lo incorrecto, lo malo..., "lo negro". Tan solo hay que liberar la conciencia, blanca en su esencia, para que toda acción no busque gratitud o reconocimiento, sino una generalizada concordia que a los hombres como especie nos permita cohabitar y coexistir en perfecta armonía y avenencia. Pero nada será posible sin la voluntad de construir ni el despertar de la conciencia, aún sabiendo que el sendero sea más largo y difícil.

Nada hay que no pueda conseguirse sin la necesidad de ocasionar daño o sufrimiento, aunque a veces lo contrario, sea el camino más corto y el que generalmente menos esfuerzo requiere.

Elegir pues la vereda adecuada en base al sentido común, desde el amor no solo por nuestros semejantes, sino por todo lo que de forma natural nos rodea, sustenta y sirve de morada bajo el mismo cielo por hogar, reporta una satisfacción plena y duradera que el temor jamás podrá ofrecer, ya que el miedo solo mira para sí mismo, mientras que el amor, se preocupa de todo lo que es, hay y existe como blanco sobre negro, si es que verdaderamente deseamos preservar nuestra especie.

Solo así la vida nos devolverá la sabiduría que nos ofrece como semilla nueva que deberemos plantar cuando el ser humano, despierte de un largo letargo sumido en un sueño de grandeza imposible fruto de su ego incombustible.

Será entonces cuando la voz de Soledad, emerja acallando esa negra voz que a nada "correcto" invita.

- FIN -

Arroz con bogavante (1)

Es una de esas personas que lo tienen todo para alcanzar el éxito, aunque a él, esa palabra por su concepto poco le interese. Seria pues más correcto decir que es una de esas personas que lo tiene todo para triunfar desde el punto de vista personal, pues su presencia y en particular sus actos en consonancia con su palabra, no pasan desapercibidos. Y es ahí donde reside la verdadera clave de su éxito.

De alta estatura y musculatura definida, cabello castaño y tez morena haciendo juego con sus ojos pardos, Raúl es sincero y leal, caballeroso y cortés, infatigable trabajador, curioso por naturaleza, solidario; siempre dispuesto a colaborar por una noble causa de manera desapercibida sin pedir jamás nada a cambio. Dicho en otras palabras: un hombre íntegro, dotado de excelente sentido del humor, dignidad, madurez y honor, lo que en su conjunto, le define como uno de esos tipos cada vez más escasos que no resulta fácil encontrar en una sociedad demasiado desmembrada por causas que a este relato no vienen a cuento.

Raúl no lo tuvo fácil. Desde su infancia, con tan solo ocho años, la vida le dio su primer gran golpe cuando el cáncer le arrebató de su lado a su madre. Dos años después, su padre, entregado a la bebida para olvidar, perdió la vida al volcar con su automóvil sobre una acequia de tan solo - ironías de la vida - cuarenta centímetros de altura, quedando Raúl desde aquel fatídico momento a cargo de la única familia que aún le quedaba: un viudo tío de oficio labrador y con muy mal humor que sin miramiento, obligó al pequeño Raúl a abandonar el colegio para ayudar en las tareas agrícolas, ya que los constantes achaques de ciática que el viejo padecía, lo mantenían inactivo de forma intermitente y de manera casi permanente.

Doce años más tarde…, en una nave industrial aledaña a las tierras de labranza, José, un joven empresario de mente privilegiada para los negocios, observaba con curiosidad desde la ventana de su despacho las tareas de aquel fornido labrador trabajando con ahínco y esmero; siempre alegre cantando junto a su inseparable perro de nombre Chulo.

Le impresionaba a José, neófito en menesteres agrícolas, comprobar la cantidad de horas que labranza, siembra y cultivo exigían a Raúl, sin que su constante sonrisa, pareciera decaer una sola jornada pese a trabajar a solas desde muy temprana hora hasta casi la puesta del sol, sin que el viejo cascarrabias, apareciera con demasiada frecuencia por las tierras.

Por aquel entonces y con tan solo veintiséis años de edad, José era dueño de una próspera empresa de mantenimiento de obras públicas heredada de su padre, que supo gestionar con maestría para convertirlo en un verdadero holding empresarial, con mayor mérito si cabe, en época de galopante crisis en la que inmerso se hallaba la globalidad del mundo.

Un día; nadie apareció por la hacienda del tío de Raúl, tampoco al día siguiente, ni al tercero, lo que extrañó a José, pues no pudo recordar una sola jornada en la que no viera al joven Raúl en sus labores. Sin embargo al cuarto día, apoyado distraídamente sobre su ventanal, José observó a Raúl seguir a pie una ridícula comitiva fúnebre pasando por delante de su nave industrial camino del cercano cementerio. El único familiar que a Raúl le quedaba, había fallecido al sufrir el último ataque de ciática que lo paralizó por completo al cruzar un paso de cebra, para sarcasmo de la vida, atropellado por el automóvil de un joven adolescente ebrio hasta las cejas que no pudo esquivar al peatón a tiempo.

El alcohol; primero con su padre y después con su adusto benefactor al que no debía gran aprecio pero si respeto y gratitud, comenzaba a ser una odiosa lacra para Raúl.

Tras intuir con cierta sorpresa la identidad del fallecido y aún sin conocer a nadie, José no dudó en coger su gabardina para sumarse a la pequeña comitiva camino del sepelio, para seguirla a respetuosa distancia de los escasos asistentes que acudieron al entierro.

- El viejo no debía tener demasiados amigos - pensó ante la escasa asistencia de los invitados.

Cuando la ceremonia concluyó, los asistentes fueron abandonando el lugar hasta que Raúl, con la cabeza gacha, quedó en soledad incrustado en sus propios pensamientos imposibles de adivinar. Con sumo despacio y deferencia, el joven empresario se acercó presentándose como el dueño de la nave color verdiblanca situada frente a las tierras del tío de Raúl.

Tras las condolencias y con el tacto que la situación exigía, José le hizo saber que estaría interesado en adquirir a buen precio las tierras de su tío, siempre y cuando la parte hereditaria tuviera la intención de ponerlas en venta, ya que por aquel entonces José deseaba ampliar sus instalaciones. Y la ubicación de aquellas tierras, era perfecta conforme a sus planes.

Raúl, único fiduciario, accedió sin pensarlo dos veces, quedando días más tarde en el buffet del abogado de José para formalizar el contrato de compraventa.

Tras la firma José le propuso un puesto de trabajo como peón de carretera que había quedado vacante en su empresa. Raúl no lo dudó y aceptó sin que en aquel momento pudiera sospechar con aquel apretón de manos, que aquella decisión no solo supondría la oportunidad de

prosperar en otra dirección distinta a su oficio como labrador, sino que a la postre, resultaría el inicio de una entrañable y férrea amistad entre ambos.
Y en verdad…, así fue.

Arroz con bogavante (2)

Recuperando el tiempo perdido que la vida negó a Raúl para estudiar, el joven supo sacar partido a su tiempo libre aprobando más tarde el bachillerato. Su tesón, afán de aprendizaje y superación, le hizo ser merecedor de la confianza de José, quien sucesivamente lo fue ascendiendo hasta llegar a capataz jefe, y de ahí, a jefe de obra tras finalizar no sin arduo esfuerzo sus estudios de arquitecto técnico.

Pese a los logros alcanzados en su ascendente carrera profesional, Raúl seguía siendo el mismo hombre humilde y sencillo de siempre, risueño a una vida que el éxito profesional no logró cambiar. Su forma de ser ligada a sus sanos valores, seguía intacta pese a prosperar con facilidad, demostrando su impecable capacidad resolutiva ante cualquier asunto de índole personal o laboral que se le pusiera enfrente, haciéndole valedor del respeto y admiración entre sus subordinados.

A la edad de treinta y un años contrajo matrimonio. Silvia se convirtió en musa de la inspiración de Raúl, señora de su vida y dama de su amor, capaz de encandilar a su enamorado corazón habitado de fiel y leal sentimiento, donde el romanticismo, el cariño, afecto y ternura, emanaban como yo jamás pude verlo en persona alguna, más aún cuando hoy, un tesoro de quince años y una princesa de diez, son según sus palabras la razón de su existir.

Por aquel entonces, la familia Menéndez se estableció en un modesto pero coqueto adosado que José vendió a Raúl a buen precio en una de sus múltiples promociones inmobiliarias.

Despierto observador, siempre ávido de conocimiento, Raúl conocía a la perfección no solo los entresijos del holding empresarial para el que prestaba sus servicios profesionales, sino a José, mucho más incluso de lo que éste pudiera intuir fruto de su cada vez más estrecha amistad, que fuera del trabajo, se fue consolidando en el tiempo con fuertes lazos afectivos.

Sin embargo Raúl, también sabía que José era un perfecto infeliz.

Como otros muchos anteriores, un día José entró en el despacho de Raúl pidiéndole que recogiera su chaqueta para comer juntos en el restaurante del polígono industrial, cuya casera gastronomía era excelente. Y aunque su invitación parecía jovial, sonó triste y abatida, sin que Raúl se sorprendiera lo más mínimo al conocer sobradamente desde hacía tiempo, cual era el problema que José padecía y que algún día, de eso estaba seguro, le confesaría.

Aunque la temperatura era cálida, afuera llovía un calabobos que no moja pero empapa - como dicen en el norte -, haciéndoles avivar el paso hasta llegar al interior del restaurante atestado de trabajadores de la zona industrial. Atravesando el ruidoso ambiente de murmullo tertuliano y el aroma de innumerables platos gastronómicos, tomaron asiento en una de las esquinas del comedor.

En aquella ocasión ambos eligieron el mismo punto del menú: De primero alubias salteadas con jamón serrano y champiñones, merluza en salsa verde de segundo y de postre mousse de chocolate, entre conversaciones sobre temas referentes a la rutina diaria; cotidianeidades demasiado intrascendentes para ser tenidas en cuenta por este modesto narrador, hasta que poco a poco, el monólogo conducido por José, comenzó a profundizar en sus más íntimos sentimientos, aquellos que lo sumían en pena y desvelo.

Vestido con un elegante traje italiano de tono azul marino sobre un cuerpo moldeado a base de gimnasio, sus manos de perfilada manicura aparecían impecablemente arregladas, luciendo en su muñeca uno de los caros y voluminosos relojes de pulsera de su amplia colección, a juego con un gran anillo de oro rojo colocado en su dedo anular izquierdo con el escudo de un famoso club de fútbol formado por pequeños diamantes.

Una fina gargantilla de oro cerraba sus adornos.

Con una dialéctica curtida en mil batallas negociadoras, José hablaba sobre su opaca intimidad haciéndose entender con pocas palabras, cosa que Raúl admiraba por su exquisita oratoria, mientras en silencio y con atención escuchaba las múltiples amarguras que la agotadora actividad laboral de José, le causaban desde el punto de vista no solo profesional sino emocional y personal. Y lo hacía, mientras los gestos precisos de su jefe y amigo iban y venían dibujando trazos sin sentido en el aire, acompañados de una profunda y penetrante mirada al compás de un pausado y educado hablar que apesadumbrado, mostraba un pésimo estado de ánimo que Raúl tradujo como una manifestación de la desdicha que aunque él ya conocía, jamás osó opinar pese a la amistad que les unía por respeto a la discreción con la que José escondía su vida íntima y privada.

El matrimonio de José había fracasado dos años atrás después que su esposa, terminara aburrida de esperarle en vano cada noche. Sus dos hijos; uno en plena pubertad y otro en su preadolescencia, crecían más rápido de lo que él era capaz de asimilar sin que por su trabajo, pudiera dedicarles el tiempo adecuado. Tras hablar de ello confesó vivir una vida aburrida y sin ilusión, pues cada día no era más que un calco del anterior repetido una y otra vez enfrascado en múltiples compromisos profesionales y reuniones llenas de planes de trabajo, estadísticas, porcentajes y números.

Fatigado hasta la extenuación, se preguntaba por que no podía vivir una vida normal - como todo hijo de buena madre - dijo bajando la mirada. Al terminar su exposición, Raúl, con la firme serenidad que le caracteriza preguntó:

- ¿Sabes cuanto dinero ganas exactamente cada mes?

Ante la indiscreta pregunta aparentemente impertinente que había formulado, Raúl sostuvo la mirada con aplomo desde la confianza que su amistad le brindaba. La expresión silenciosa en el rostro de José, no pudo disimular cierta mueca de asombro.

- No sabría decirte con exactitud. - Respondió con sinceridad.

Tras las disculpas que su interlocutor aceptó volvió a la carga:

- Te hago esa pregunta porque, ¿de qué sirve todo tu dinero si no tienes tiempo para gastarlo? Y a juzgar por tu evidente grado de insatisfacción que te sume en la pena un día si y otro también, ¿en que gastarlo? ¡Tanto talento para los negocios y tan poco cerebro para disfrutar de la vida!

Acostumbrado a que las preguntas las hiciera siempre él y no los demás, José quedó mudo, perplejo ante la rotunda sentencia que su amigo había formulado. Observándole sentado frente a él, José, con la mirada incisiva, casi punzante, pareció por un momento querer levantarse de la mesa e irse sin dar explicación. Pero no lo hizo, porque huir no formaba parte de su carácter por considerarlo una derrota.

- Agotaste la paciencia de Clara, – prosiguió Raúl – quien cansada de tus múltiples compromisos y desmanes se divorció de ti. No dedicas suficiente tiempo a tus hijos que ya casi no reconocen a su padre cuando regresa a casa y aún no están durmiendo. ¿No te das cuenta que saben más de tu sirvienta que de ti mismo? Cuando quieras darte cuenta, tu dinero no podrá recuperar tu matrimonio ni rescatar el tiempo que no has dedicado a tus hijos. Tienes que aceptar de una vez que tu esposa voló porque su marido no regresaba cada noche en tiempo y forma al nido conyugal. Ella no volverá a tu vida pero respecto a tus hijos, aún estás a tiempo de recuperar su confianza antes de que sea demasiado tarde.

Dejaste el gimnasio. Cada día bebes y fumas más, no dedicas tiempo al ocio, trasnochas en exceso mientras tu vida está sujeta a la ambición de un nuevo contrato bajo interesados apretones de manos estrechados en opulentas fiestas llenas de envidia y falsedad, donde todo es banal en una constante carrera por mostrar quien tiene el automóvil más potente, el reloj más caro, el chalet más lujoso, el yate más grande y la cartera más llena. Como prisionero del trabajo y esclavo de tu avaricia, estás preso por la apariencia. Qué lástima que una mente tan prominente como la tuya desperdicie lo mejor de la vida.

- ¿Y que es según tú lo mejor de la vida?

- Muy simple: ¡vivir!

Sin conseguirlo, José intentaba con esfuerzo no mostrar un solo ápice de turbación por la cruda realidad que Raúl le expuso sin tapujos. Nadie hasta aquel momento a lo largo de su vida se había atrevido a hablarle en semejantes términos, pero Raúl sabía que si quería ayudar a su amigo, debía meter el dedo en la llaga huyendo de eufemismos que disfrazaran la realidad.

- Nada te hace ilusión - continuó suavizando el tono de voz - porque tienes todo lo que tu ego desea sin darte cuenta que aburrido de tu posesión, ya no queda nada por conseguir o comprar. Despiertas al amanecer cansado porque derrochas inútilmente una energía que no repones, llegando incluso a un punto donde la envidia te rebana las

84

entrañas cuando tus empleados, al término de cada jornada laboral, sonríen entre bromas en el bar de la esquina tomando cerveza mientras tú acudes a la próxima reunión en busca de un nuevo contrato que amplíe tus ya exagerados beneficios para calmar momentáneamente tu insaciable voracidad de poder. Te amas tan escasamente a ti mismo, que olvidas el "aquí adentro" - dijo llevándose la mano al pecho - para centrarte en el "ahí afuera" que te absorbe hasta el límite de tus fuerzas. Tu orgullo y vanidad te ciegan, pero lo peor es que cuando quieras entenderlo, tu juventud y tu tiempo se habrán ido sin que puedas recuperarlo.

- Estás siendo muy duro conmigo.

- ¿Para qué deseas tanto dinero? ¿Qué es lo que quieres? ¿No has conseguido ya demasiada fama y poder en las esferas por las que te mueves? De seguir así el sueño imposible en el que permaneces despierto, solo conseguirá agrandar el vacío que empobrece tu espíritu esperando día tras día que suceda algo diferente a un ayer anclado a un pasado, donde el arrepentimiento por el daño causado a Clara, es como una daga que cada día profundiza más y más para sumirte en la desgracia. Y todo sin dejar de mirar el contrato que mañana has de firmar. Te estás perdiendo el presente; lo único que de verdad tienes.

Desarmado, quien a sí mismo se consideraba invencible, aparecía ahora derrotado por el incontestable argumento de Raúl al que no supo que contestar. Tal fue la contundencia, que le llevó a sentirse como un Goliat a manos de un Raúl que frente a él disparaba su honda con certeros guijarros llenos de verdad.

- ¿Que puedo decirte?

- Que tengo razón.

- No te la puedo negar.

- ¿Qué esperas de la vida?

- No…, no lo sé. – Contestó balbuceando.

- José: nunca te he dicho nada porque sabes que respeto las decisiones personales de tu vida. Eres mi jefe, si, pero no olvides que aquí afuera eres mi amigo, al que considero un hermano y al que nunca podré agradecer todo lo que has hecho por mí. Eso no me da derecho a decirte que debes o no hacer con tu vida, pues solo a ti corresponde vivirla conforme a tus decisiones. Lo que si puedo hacer es prevenirte del equivocado sendero que has escogido y que sin duda te hará enfermar de seguir así. Tu vida está vacía de contenido, tanto que incluso has olvidado sonreír. Al margen de tus negocios, ¿que hay de interesante en tu día a día que consiga ilusionarte?

- Nada - Contestó con un halo de voz casi inaudible. ¿Que puedo hacer? - inquirió.

- Delegar...

- ¿Qué…?

- ¡He dicho delegar! Si no te fías de nadie, vende todas o al menos parte de tus empresas. Tienes dinero suficiente para vivir sin preocupaciones el resto de tu vida. Ya perdiste a Clara: no cometas el mismo error con tus hijos y con tu vida.

- Supongo que ese error no me lo puedo permitir.

- Desde luego que no, sino por ti al menos por tus hijos. Haz algún viaje, sal de la rutina, concédete más tiempo para ti, organiza tus ideas y tus esquemas. Encuentra tiempo para pensar en como redefinir tu vida. El mundo en el que vives te ha quedado pequeño por tu falta de humildad. Baja de la nube de orgullo en la que estás subido, rehuye la insana opulencia, rechaza la apariencia, huye de las esferas de poder que te alejan del lugar donde se encuentra la verdadera felicidad. Tu vida social, se mezcla con gente que se pierde en la identidad.

- ¿Como puedo buscar ese lugar?

- No tienes que buscarlo sino encontrarlo. Baja al aquí abajo y mira la vida desde otra perspectiva más sencilla.

Entregado al testimonio de su amigo, José recapacitó bajando la mirada en actitud reflexiva, momento que Raúl respetó dejando pasar un pequeño intervalo de tiempo para que su interlocutor pudiera respirar asimilando la dura evidencia que desde mucho tiempo atrás, había deseado liberar pese a ser consciente de la explosión que había provocado en las sienes de aquel buen jefe y mejor amigo.

- Creo que desde niño mi ambición por conocer la definición de la palabra éxito, no ha sido la adecuada.

- ¿Qué clase de éxito es aquel que te produce insatisfacción personal? Lo que tú has conseguido desde el punto de vista profesional es digno de alabanza, pero eso José, no es éxito. El éxito es ser feliz con uno mismo desde adentro, en lo personal, sentimental, trascendental, y no con las circunstancias que te rodean y pululan afuera de ti.

- Me conoces bien Raúl. – Acertó a decir.

- Sabes que te quiero como a un hermano - dijo colocando su mano sobre el hombro de José. - Llevaba tiempo detrás de ti para decirte lo que siento pero no encontraba el momento.

- Creo que necesito unas vacaciones para pensar.

- Estoy preocupado por ti. ¡Mírate! Estás hecho una piltrafa.

- Tienes razón. Vivo en una burbuja del todo artificial. Me siento un desgraciado.

- ¡No te confundas! Desgracia es la que sienten quienes nada tienen para comer, o los que han perdido su empleo y son desahuciados de su casa por insolvencia. Desgracia es la que sufren los enfermos olvidados, los ancianos abandonados o los excluidos sociales que despojados de su identidad, no forman parte del sistema por falta de oportunidades. Tú no vives en la calle ni padeces el dolor de la miseria. Tienes todo lo que quieres pero te falta lo que nunca podrá comprar tu dinero: la felicidad.

- Eso lo he oído en alguna parte...
- Eres un lince para los negocios pero un desastre en lo personal.
- ¡Vaya repaso me estás dando!
- Te lo mereces.
- Raúl: llevamos casi tres horas aquí. Necesito tomar aire, caminar, tomar un café en alguna terraza…

Con el sol ocultándose tras el lejano horizonte allá donde el cielo se confunde con el mar, salieron del restaurante caminando sobre la acera a la luz de las farolas de la calle recién encendidas en aquella tarde otoñal, cuando el crepúsculo del cielo, tornaba lentamente a oscuro.

- Tengo hambre. - Expuso José - ¿Te apetece un arroz con bogavante que preparan excelente en un restaurante cercano?
- ¿Tú no sabes comer otra cosa?
- Bueno… Ya sabes que es mi plato favorito. ¡Yo invito!
- ¿Cuánto cuesta un arroz con bogavante en ese sitio?
- ¿Y eso que más da? Yo invito, ¡rácano!
- De acuerdo. Tú pagas pero voy a pedirte un favor.
- Tú dirás.
- Somos dos. Eso significa que sabiendo el tipo de restaurantes que frecuentas, la cena no te saldrá por menos de 150 euros.
- Si, más o menos - Contestó José sin saber que intenciones tenía el siempre imprevisible Raúl.
- Iremos a otro lugar que conozco. ¿Tienes los ciento cincuenta euros en metálico?
- Creo que si. Pero, ¿en ese sitio tienen arroz con bogavante?

- ¡No! No tienen arroz con bogavante. ¿Me das el dinero?

Aunque la idea de quedarse sin arroz con bogavante no le gustó nada, José le hizo entrega del dinero tras echar mano a su cartera de bolsillo.

- ¿Me vas a decir para que quieres el dinero de la cena?

Pero Raúl no dijo nada. Simplemente se limitó a seguir caminando.

Arroz con bogavante (3)

Tras un pequeño tiempo sorteando transeúntes que como hormigas de su hormiguero, salían de no se sabe donde, ambos amigos llegaron hasta el cercano bar en cuyo lateral de la entrada, sentado sobre la acera estaba Hans; un simpático y bonachón indigente de acento teutón que apenas chapurreaba el español.

Alto, de rubio cabello largo y complexión delgada, miraba la nada con sus profundos ojos azules de hondo pesar cuando el alcohol corría por sus venas. Sin embargo cuando estaba sobrio, parecía ser el hombre más feliz del mundo.

Conocido en el barrio, sobrevivía gracias a la bondad de las gentes que le donaban ropa, comida y algo de dinero con el que subsistir.

- Mi…, está contento yo verte a ti. - Saludó efusivamente al levantarse tendiéndole su mano.

- ¿Cómo estás Hans? - Preguntó Raúl sonriente.

- Bueno tu saber: es moe doro, do, ro…, duro…, pero Hans siempre contento.

- ¿Has cenado ya?

Hans negó con la cabeza.

En ese instante y de entre los billetes que José le había entregado anteriormente, Raúl extrajo del bolsillo de su camisa un billete de diez euros para entregárselo a Hans. El alemán se deshizo en sinceros elogios.

- ¡Anda, vale ya! Y no te infles a beber esta noche…

- Tu saber, yo no bobo, bo, bebo…, solo un poquillo, poquejo, poquito…

Ya dentro del local los clientes entraban y salían, mientras otros iban y venían deslizándose por entre las mesas sorteadas por los ágiles camareros, despachando las comandas aceleradamente con sus bandejas de mano al

90

vuelo entre aromas de calamares a la romana y calor humano.

- Dos bocadillos de calamares, tónica y cerveza. - Pidió Raúl al mozo del bar.
- ¡Marchando señores!
- Conocí a Hans hace dos años. Silvia y yo solemos venir con los niños a merendar un bocadillo de calamares los sábados. Es un buen hombre sin suerte que vive justo enfrente; en aquel descampado de allí al abrigo de unos árboles donde tiene sus cartones - Dijo señalando una dirección al exterior.
- Es alemán. Llegó a España caminando desde su Stuttgart natal con una mochila al hombro después de perder a su esposa e hijo en un accidente de tráfico, del que él salio ileso aunque emocionalmente tocado. Hans era jefe de contabilidad en una empresa de maquinaria industrial, pero perdió su empleo al caer en la maldita bebida.

José supo por donde vino aquel pequeño brote de ira.

- Lo perdió todo. Así que sin casa, sin familia y con la culpabilidad de no haber sido capaz de controlar su coche en una curva cuya carretera estaba llena de nieve y hielo, huyó de su entorno, de su tierra y de su vida, instalándose aquí.
- Es increíble, - esgrimió José - Basta un solo segundo de tu tiempo para que tu vida cambie por completo.
- ¡Aquí les dejo esto señores! - Interrumpió el camarero ataviado con su negro mandil largo a la vieja usanza, dejando sobre la mesa el pulpo, los bocadillos, las bebidas y dos tazas de humeante café.
- ¿Aún no hemos comido y ya nos sirven el café?
- No, José. Lo han pedido por nosotros - dijo señalando a Hans.

Incrédulo, José se volvió hacia el indigente que lo saludaba cómicamente con la mano.

- No lo entiendo…
- Es sencillo José. Al principio, cuando se instaló en su descampado y se acercaba por aquí, solía darle una pequeña limosna, pero pronto descubrí que le hacía más feliz llevarle de mi casa comida no perecedera o bien comprarle un bocadillo. Aquel pequeño detalle, le ahorraba buscar esa noche su cena entre la basura y quizá, con suerte, la comida del día siguiente. El dinero que la gente le da lo utiliza para vino y tabaco.
- Yo le daría dinero para comer, no para sus vicios.
- ¿Conoces a alguien que se emborrache por gusto? ¿Acaso sabes que puede pasar por su mente para tener esa gran necesidad de olvidar? No defiendo la bebida, pero no podemos criticar lo que no conocemos porque afortunadamente nunca hemos tenido que pasar por un trance similar. Por ese motivo no me gusta que la gente enjuicie a un indigente, en este caso a una persona enferma por el alcohol sin saber cuales son las circunstancias que le incitan a beber.
- Comprendo. Hoy puede irte bien, pero mañana...
- Es la ingratitud del ser humano que desprecia lo que tiene hasta que lo pierde. Nadie, absolutamente nadie, está exento de padecer los palos de la vida. Lo que está haciendo Hans con estos cafés es puro agradecimiento. Los diez euros que le he dado antes o mejor dicho, que le has dado tú, porque eran del dinero que me entregaste, le sirven para cenar hoy, desayunar mañana y aún le sobra a poco que sepa administrarse. Por ese motivo en su humilde bondad llena de gratitud no le importa invitarnos, porque le nace del corazón en su humildad.
- Voy a tomar un café invitado por un indigente. ¡Increíble!
   El camarero se presentó nuevamente con la nota en la mano.
- Son ocho con noventa y cinco euros.

Tras despedirse de Hans que no paraba de mostrar su agradecimiento, se encaminaron por indicación de Raúl hacia un salón recreativo próximo. Tras pedir cambio a la chica del otro lado de la cabina, se dirigieron hacia una de las cosas que a Raúl le pierde.

- A ver: ¡demuéstrame que sabes hacer!

- Hace mil años que no juego al futbolín – Apuntó José.

Siete fueron las partidas y siete las aplastantes victorias de Raúl, que dejando boquiabierto a su rival por su destreza, reía entre bromas animando al perdedor.
Posteriormente salieron a pasear distraídos por la avenida marítima atestada de gente, hasta llegar a la intersección de dos calles en cuya esquina se encontraba un músico tocando virtuosamente el clarinete. Encontrando un pequeño hueco entre el gentío que lo circundaba, asistieron a la pieza embelesados por la sensibilidad del músico entregado a sus notas Chill Out interpretadas con elegancia magistral, haciendo brotar su pasión por un instrumento que parecía hablar más que sonar. La suave melodía de sereno ritmo, íntimamente conectada con el sentimiento del solista, parecía surgir de lo más profundo de su ser para cautivar a un público cada vez más numeroso entorno a él.

- ¿Tienes frío? – preguntó Raúl.

- No, ¿por qué?

- ¿Me das tu chaqueta? - preguntó sacando un billete de diez euros.

José, que tenía la chaqueta sobre su brazo en postura de cabestrillo, le extendió la elegante prenda adivinando su intención sin atreverse a preguntar. Cuando el artista finalizó su actuación, la gente próxima aplaudió calurosamente.
El que pudo o quiso, echó unas monedas en el interior de un sombrero de copa falso situado del revés a los pies del

músico sobre la acera. Raúl introdujo el billete de diez euros, mientras José, por no ser menos, una moneda de dos euros que extrajo del bolsillo de su pantalón.

- Gracias por su donativo - Exclamó el hombre del clarinete.

- ¿Tienes frío, amigo? - Inquirió Raúl dirigiéndose al interprete que iba en mangas de camisa.

- Si, bueno, un poco. La noche está fresca.

Y sin mediar palabra le tendió la chaqueta de José.

- Parece que esta noche la cosa se está dando bien - Le indicó mirando al interior del sombrero. - Irte ahora sería un error con toda la gente que hay.

- Oh, no. Por favor - Replicó azorado.

- No te vendrá mal con esta humedad - contesto Raúl. - Te ruego que la cojas; tal vez mañana si estás aquí venga a recogerla.

Confuso y turbado pero realmente agradecido, el virtuoso alargó titubeante la mano recogiendo la prenda.

- No sé como agradecer…

- Nada hay que agradecer amigo. Eres bueno. Tal vez esta noche o quizá mañana, alguien se fije en ti y te de una oportunidad.

- ¡Ojalá! Dios le oiga.

- Con que le oiga algún cazatalentos bastará.

- Muchas gracias señor.

- ¡Suerte amigo!

Reanudando la marcha, José, con las manos en los bolsillos no pronunció palabra alguna, aunque no le faltaron ganas de preguntar a su amigo si al día siguiente pasarían a recoger su chaqueta. Y aunque aquello le quemaba la mente, calló por vergüenza ante su propio pensamiento al entender la importancia de la obra de Raúl, quien en silencio, proseguía su camino abstraído con el entorno sin que el sigilo de José le pasara desapercibido.

Arroz con bogavante (4)

Al poco y en mitad de la avenida, se encontraron con un chico lanzando al aire un pequeño muñeco volador con una especie de tirachinas. La goma, al estirarse y después liberarse tras la tensión, lo impulsaba a gran altura hasta que la fuerza del empuje llegaba a su fin. Entonces el muñeco descendía lentamente cual paracaídas, tras abrir los brazos girando sobre si para iluminarse con pequeñas luces de colores.

Raúl, curioso como siempre, se acercó a él:
- Hola. ¿Cuánto cuesta?
- Ocho euros señor.
- ¿Se venden mucho?
- ¡Pues no! - Contestó resignado encogiéndose de hombros.

- Te compro dos, pero dame solo uno.

El chico que no entendió, alargó su mano entregándole dos muñecos mientras recibía el dinero.
- Gracias señor.
- No, no... Dame solo uno - Increpó Raúl.
- Pero...
- Así tienes otro muñeco para vender.
- Pues muchas gracias.
- No hay de qué.
- ¡Señor! Disculpe: ¿fuma usted?
- Yo no, pero él si - matizó señalando a José.
- Por favor; ¿podría darme un cigarrillo si tiene la bondad?

Echando mano al bolsillo de su pantalón, José extrajo el paquete y se lo entregó. El joven fue a hacer ademán de abrir la cajetilla para coger uno devolviendo el resto, pero José le dijo que se lo quedara.
- Gracias. Han sido muy amables. ¿No tendrán fuego verdad?

Echando nuevamente mano al bolsillo, José extrajo su flamante mechero de oro.

- ¿Qué edad tienes chico?

- Veintisiete - Contestó mientras la llama resplandecía en su semblante rojizo por el frescor de la noche.

- ¿No tienes otro medio de ganarte la vida?

- Lo tenía pero con esta maldita crisis no me renovaron el contrato y me quede sin empleo. Ya sabe, abaratamiento de costos, dicen… He buscado sin cesar porque realmente necesito trabajar, pero no hay forma de encontrar nada.

- Perdona mi indiscreción: ¿a qué te dedicas?

- Trabajaba limpiando baños en un gran centro comercial, pero ya ni para eso te quieren. Antes se limpiaban tres veces al día, ahora sin embargo solo una, así que sobra personal. Mi padre está en paro y mi madre agotó su prestación por desempleo. Por eso estoy aquí; vendiendo estos cacharros mientras mi hermano está en aquel puesto de golosinas.

- ¿Limpiando baños? ¿Durante cuanto tiempo?

- Bueno… Terminé la carrera de ciencias empresariales hace dos años, pero hasta la fecha no he podido encontrar un puesto acorde con mi formación académica. En mi desesperación por ayudar a mis padres, solo conseguí ese puesto de limpieza hasta que prescindieron de mí hace ahora un año.

Cogiendo un bolígrafo y un pequeño trozo de papel, José escribió un número de teléfono, un nombre y una dirección.

- ¿Cómo te llamas?

- Emilio.

- Bien Emilio. No puedo prometerte nada, pero ve mañana a las nueve a esta dirección con un currículum vitae. Pregunta por Manuel Espinosa. Es el jefe de recursos humanos de esta empresa. Hablaré con él..., a ver que puede hacer.

El chico no pudo reprimir un gesto incrédulo.

- ¿Está usted de guasa?
- ¿Quieres una oportunidad?
- ¡Claro que si, señor!
- Pues no se hable más y mañana sé puntual.
- Allí estaré - Contestó con un fulgurante brillo en los ojos observando el pequeño trozo de papel. – Gracias, de verdad.
- ¡Suerte! - le deseó Raúl extendiendo un billete de diez euros que puso en su mano. - ¡Cógelo!, seguro que lo necesitaras para el transporte de mañana.

Y acto seguido, dando la vuelta, siguieron ambos en silencio mientras Emilio, del todo pasmado, se les quedó mirando como si aquellos seres fueran de otra galaxia, acaso, bajados del cielo en su ayuda para hacerle sentir un halo de esperanza en el centro de su corazón.

- ¿Que piensas hacer?
- Meterlo en la cuadrilla de limpieza forestal. Al menos tendrá un salario fijo mientras su suerte cambia a mejor.
- ¡Cuatro años de carrera universitaria para limpiar baños!
- Es la realidad del mercado laboral.
- Si. Lo sé.
- Oye... ¿Has visto eso? - Preguntó señalando con la barbilla.
- ¿Qué cosa? - Inquirió Raúl sin haberse percatado.
- Esa chica parece que necesita ayuda.
- ¡Vamos José! Tú no has cambiado una rueda pinchada en tu vida - Dijo entre carcajadas al ver a una mujer situada al lado de su automóvil.
- Ya, bueno. ¿Vas a ayudarme o no?
- ¿A cambiar una rueda? Claro que no. Te ayudaría con gusto pero viendo tus intenciones prefiero dejártelo a ti.

- ¡Traidor!
- Te espero en aquel café mientras cortejas a esa mujer.
- Eres un mal pensado y un mal amigo. ¿Y si así fuera, qué…? Tú tienes a Silvia, yo en cambio a nadie.
- Nos vemos luego. ¡Suerte don Juan Tenorio!

Conforme se fue acercando, aquella mujer se hizo aún más hermosa a la penumbra de una gran farola apuntando directamente hacia a ella, que detenida junto al vehículo aparcado en doble fila, se disponía a realizar una llamada con su móvil.

Un ceñido, corto y elegante vestido estampado de atrevido escote, cubría un cuerpo magistralmente bien proporcionado, casi escultural. Decidido, José dirigió sus pasos dispuesto a prestar su ayuda. - ¡Dios mío! Vaya mujer… - Pensó.

- Buenas noches señorita. ¿Necesita usted ayuda?
- Hola. Si, bueno… He pinchado y…
- ¿Dónde tiene el gato?
- ¿Eh? Pues en el maletero, supongo.
-¿Me permite cogerlo? - Preguntó mientras pensaba que el monumento que tenía al lado, tenía menos idea que él de cambiar una simple rueda.
- Si, claro. Muy amable, gracias.

En ese mismo instante, un fugaz cruce de miradas que parecieron eternas se encontraron sin que ninguno de los dos supiera o quizá pudiera disimularlo. Por educación, acaso decoro, José tuvo que hacer esfuerzos sobrehumanos para no bajar sus ojos hacia el atrayente valle que separaba los prominentes pechos de la mujer que amenazantes se erguían frente a él.

Subiendo los puños de su camisa en un impulso escapista de aquel prohibido vistazo, puso manos a la obra abriendo el maletero para extraer de su interior el gato, por lo que levantando la moqueta embellecedora, giró la tuerca situada justo en el centro hasta que la rueda de repuesto fue bajando a la altura propicia para ser extraída. - Voy bien. Eso es. - Rumió para sí.

- ¿Es la primera vez que pincha una rueda? - Preguntó con la intención de romper el hielo.

- ¡Oh, no! - Contestó ella – No puedo cambiarla porque podría romper mi vestido y no tengo ropa de repuesto. La verdad es que mi atuendo no me lo permite. - Sentenció indicando con la mano su minifalda.

- No hace falta que lo jure - Susurró José rehusando observar muy a su pesar las musculosas largas piernas de dorada tez que sostenían el cuerpo de aquella preciosa mujer. - No se preocupe. Esto estará enseguida. Si lo desea puede subir al coche mientras acabo. La noche está fresca, hay mucha humedad.

- Lo soportaré. ¿Es la primera vez que cambia una rueda?

- He pinchando tantas veces que podría hacerlo con los ojos cerrados - Dijo sin pensar en la innecesaria mentira que acababa de expresar - Puedo darle mi chaqueta…

- Exclamó girándose hacia Raúl sin recordar, de un lado, que la chaqueta había sido entregada al músico, y de otro, que Raúl había desaparecido tras dejar a José frente al percance donde sólo él se había metido.

- ¿Qué chaqueta? - Preguntó la mujer.

- ¿Dónde está mi amigo? - Inquirió disimulando.

- ¿Qué amigo? ¿Yo no veo a nadie?

En aquel momento, junto en el que la dama giro sobre sí quedando de espaldas, José no pudo reprimir echar un rápido vistazo fotografiando mentalmente la sublime anatomía posterior de aquella mujer. Sus caderas, curvas y contorno…

- No sé por donde me gusta más, si por delante o por detrás.

- ¿Cómo ha dicho?

- ¿Eh? Pues, decía que estaba con un amigo, pero tal vez se ha despistado - Argumentó para salir del trance.
- No se preocupe. Estoy bien, no tengo frío.
- ¿Seguro?
- Tiene que apretar los tornillos de la rueda cuando esté en el suelo, no ahora que aún está en el aire.
- Ah, si. Es que…, pensando en mi amigo, me despisté.

Poco tiempo después, Emilio, el chico de los muñecos, apareció con un ramo de siete frescas rosas rojas envueltas en un cucurucho de plástico transparente con un pequeño lazo color verde. Alargando el brazo, se dirigió al hombre que en este instante se encontraba de espaldas.
- Disculpe, señor. Buenas noches - Saludó entregándole el ramo a José - Esto creo que es para usted.

Volviendo la cabeza, José quedó perplejo tras observar al chico de los muñecos con el ramo en la mano.
- ¿Para mi? – Preguntó fingiendo no conocerlo.
- Si. No tengo otra forma en este momento de agradecerle el detalle que antes tuvo usted conmigo. Muchas gracias de nuevo y que tenga una buena noche - Dijo despidiéndose sin más dilación desapareciendo aceleradamente.

La mujer, a mitad de camino entre lo extraño y divertido, quedó mirando al ramo primero, después a José presa de curiosidad.
- ¡Vaya! Es un bonito detalle viniendo de un chico…
- ¿Eh? No, no… No es lo que parece.
- Ya…
- Eeeh…- Titubeó - Si, bueno. Le vi esta tarde, me pidió un cigarrillo y se lo di.
- ¿Un ramo de rosas a cambio de un cigarrillo? Uhmm, no es mal trato. ¿Fuma usted?
- Si.

- ¿Quiere uno? - Preguntó extrayendo una cajetilla de su bolso. - Si. Muchas gracias.
- ¡A cambio del ramo de rosas!

 José rió a placer.
- Me parece bien. En realidad no tengo a quien regalarlo así que acepto tu trato, pero te lo regalo como acto de buena voluntad.
- Oh, gracias. Primero me cambias la rueda, alguien te regala rosas y ahora me las entregas a mí. Hoy debo estar de suerte. Me encanta - Contestó en tono jocoso acompañando el tuteo del hombre.
- ¿Puedo preguntar como te llamas?
- Isabel.
- Yo soy José.
- Encantada - Respondió extendiendo su mano.
- Oye Isabel. Estaba con un amigo pero no sé donde está ahora.
- ¿El de la chaqueta?
- Eso es. Después de cambiar la rueda, ¿me aceptarías tomar un café después de lavarme las manos? - Propuso educadamente.
- ¿Por qué no? Creo que te lo debo. ¡Yo pago!
- No, por favor. Fue un placer ayudarte. ¡Yo invito!
- Esto me resulta de lo más interesante: me ayudas a cambiar la rueda, me regalas unas rosas que no sabes de donde han salido y que según tú, deben ser una equivocación. Ibas con un amigo que no está contigo y que al parecer, se ha llevado tu chaqueta. Ahora me invitas a café… No entiendo nada pero acepto tu invitación. Para ser sincera no me apetecía demasiado salir esta noche con mis amigas. ¿Adónde vamos?

 A no más de siete coches del automóvil de Isabel, Raúl y Emilio, escondidos tras los matos de un jardín cercano, observaban cómo la pareja se dirigía a una cafetería. Tras

101

agradecer Raúl la colaboración del chico, cada cuál cogió su camino, mientras José e Isabel, pasaron parte de la velada conversando distendidamente entorno a un par de copas, mientras la luz de la media luna blanca se abría paso en la madrugada.

Arroz con bogavante (5)

Con un traje color gris y camisa blanca sin corbata, Emilio apareció cinco minutos antes de la hora convenida. Tras saludar cortésmente y presentarse, la recepcionista marcó una extensión.

- ¡Don Manuel! Tiene una visita del caballero que esperaba.

Al poco, la mujer se dirigió a Emilio con mirada: digamos, algo más que curiosa.

- Suba por aquellas escaleras. Después siga por el pasillo hasta llegar a la tercera puerta por la derecha.

- Gracias. Es usted muy amable - Pronunció sin devolver en exceso aquella mirada que invitaba a…, no supo entender qué.

En aquel momento el aroma de café recién hecho, flotaba en el despacho de José, mientras Raúl, permanecía sentado al otro lado de la mesa mirando no sin cierta sorna las marcadas bolsas bajo los ojos de su amigo.

- Ya te lo dije José. Quien tiene buena noche, no puede tener buen día - Exclamó disimulando cierta risa maliciosa.

- ¿Cómo se te ocurrió lo de las rosas?

- Fue todo improvisado. ¿Salió bien, no?

- Quedarías doblados de la risa…

- Pues más bien si. ¿Qué tal te fue?

- Estuvimos en una cafetería hasta las dos de la madrugada. Después fuimos a tomar una copa en un pub próximo hasta las cuatro y media. Y poco más, pero mucho fue.

- ¿A que se dedica?

- Es empleada de banca. Creo que me he enamorado locamente.

- Ya me parecía a mí que tú…

- No seas mal pensado. No pasó nada. Solo conversamos. Hemos quedado en vernos mañana para comer. ¿Quieres venir? Así te la presento y me das tu veredicto.

- Oh, no… - Contestó divertido - No creo que necesites mi bendición. Además; estoy seguro que la has invitado a comer arroz con bogavante y francamente no me apetece.

- Estás muerto de envidia, ¡reconócelo!

    Raúl soltó a reír con ganas.

- Oye: quería agradecerte sinceramente la tarde que ayer me hiciste pasar.

- No tienes nada que agradecer.

- En serio Raúl. Hace mucho tiempo que no lo pasaba tan bien. Desde que desperté esta mañana, no he hecho mas que pensar en todo lo que me dijiste.

- Si te hablé en ese tono fue porque…

- No, amigo. No tienes que justificarte por nada, mas aún cuando todo lo que me dijiste obedece a la más estricta verdad. Ayer me sentí muy bien por todo cuanto me enseñaste.

- Yo no te he enseñado nada José. Simplemente estás metido en un mundo que respeto porque es tu forma de ver y entender la vida. Es tu decisión y no soy yo quien para decirte que debes hacer, pero ese mundo tuyo del que yo huyo, es pura fachada, artificial, forzado, superfluo, donde las apariencias lo invaden todo y nada es real. Y a mi esa vida, no me va.

- Te envidio por ello. Siempre has tenido las ideas claras en ese sentido. Pero yo hoy, comienzo a huir de lo hasta ayer amaba equivocadamente. Quitaste la venda de mis ojos.

- Te pido disculpas si fui demasiado brusco contigo en la comida de ayer…

- Para nada Raúl. Aprendí que hay algo mucho más importante que mis negocios, dinero y posesiones, y es la bondad además de tu amistad. Te aseguro que estoy rodeado de supuestos amigos que no darían medio céntimo por mí si mañana me hundiera. Eso siempre lo he sabido. Ahora sé verdaderamente quien está conmigo por como soy y no por quien soy. Tú siempre me has valorado por ello, no por mi dinero como hace hipócritamente todo el mundo.

- Siempre he estado contigo por lo mucho que te debo, pues lo que hoy soy, es gracias a la oportunidad que me concediste al morir mi tío. Para mi eres ejemplo de inteligencia, aunque en otras cosas no te envidie lo más mínimo.

- Sé a que te refieres, pero te pido que no me agradezcas nada. Aquello fue hace mucho tiempo y los logros alcanzados, te los debes a ti mismo. Yo solo te abrí el camino, como tú ahora abres el mío. Pero déjame terminar, por favor - protestó. – Tienes mucha razón. Desde que Clara me dejó, he ido para atrás. ¿Crees que no soy consciente?

Me he refugiado en el trabajo para mantenerla alejada de mi mente, y ahora me doy cuenta que lo único que he hecho es olvidarme de mi, de mis hijos…, de vivir.

- Me alegro que te sirviera para recapacitar. Si ayer te hablé así, es porque creo que necesitabas reaccionar.

- No te justifiques más, por favor. No sabes cuanto agradezco tus palabras. Llevo demasiado tiempo enclaustrado en este tipo de vida y sinceramente, me encuentro agotado e incluso asqueado de tanta falsedad. Últimamente siento como todo me da igual, pero ayer, me hiciste pensar. Desde que me despedí de Isabel, apenas he logrado dormir una hora reflexionando sobre todo lo que me dijiste.

- Si ha sido para bien, me doy por satisfecho.

- Desde luego que si. Me diste una lección de humildad. Siempre has sido un angelito ayudando a los demás, pero ayer superaste mi capacidad de entender lo que es la generosidad.

- José... - Pronunció Raúl con la vista clavada en su amigo - Ayer, por primera vez en no sé cuanto tiempo, volví a verte sonreír y eso para mi es un regalo extraordinario. Con los ciento cincuenta euros que ibas a invertir en una cena a base de arroz con bogavante a la que renunciaste, hiciste mucho bien a personas que realmente necesitaban ayuda. Para ti esa cantidad no es más que dinero, sin embargo para ellos fue una suerte que les sirve para sobrevivir un poco más.

José asintió en silencio.

- Tenías que haberte visto en un espejo cuando jugamos al futbolín. - Insistió Raúl - Parecías un crío con zapatos nuevos comiendo tu bocadillo de calamares, bebiendo tu cerveza en un sitio informal y no en un lugar lleno de lujo como estás acostumbrado. Contribuiste a que un indigente no tenga que buscar en la basura su comida, además de conocer su bondad cuando nos invitó a café por gratitud. Supiste de tu propia generosidad cuando diste un donativo al músico, al que entregaste tu chaqueta para calmar su frío. Hiciste una buena obra comprando al chico dos muñecos voladores llevándote solo uno, ofreciéndole tu paquete de tabaco, ayudándole a conseguir un puesto de trabajo con el que labrarse un porvenir. ¿De verdad piensas que tu dinero, tus negocios, tu mundo y con él tu vida, tienen más valor que observar de cerca la sincera sonrisa agradecida de una persona necesitada a la que has ayudado? La caridad: un gesto altruista, una mano tendida, la generosidad…, no tiene precio José.

- Me gustaría entregarme más a esa causa. Es algo noble que me hace sentir bien. Por primera vez desde hace años ayer ocurrió algo hermoso en mi vida, y fue que algo había cambiado, que había algo distinto, diferente al resto de mis días.

- ¿De veras?

- Si, porque todo lo que hicimos es nuevo para mi.

- No sabes cuanto me alegra oírte decir eso.

- Fue como abrir la puerta a otra realidad muy diferente a la de cualquier otro día. Una vida que me estoy perdiendo en este presente que tenemos.

- Lo que hiciste fue abrir tu corazón al viento de la conciencia para ventilar tu vida.

- Lo importante es que alejado de opulencias, ayer con menos me sentí muy feliz, no solo contigo, sino por ayudar a esa gente.

- Entonces es que algo en tu interior se mueve con la intención de salir afuera.

- Me gusta esa sensación.

- Se llama conciencia. Procura que las obras que emanen de ella, pasen lo más desapercibidas posible. La humildad no necesita el reconocimiento ni la gratitud de nadie.

- Estaba pensando ir el viernes con Isabel al bar donde ayer cenamos. Los bocadillos eran excelentes.

- Parece buena idea.

José asintió mientras su mente recordaba la sonrisa de Hans, del músico, de Emilio, de Isabel… ¡Isabel!

- Si no hubiera cancelado mis compromisos de ayer para pasar la tarde contigo, no la hubiera conocido.

- Si no hubieras renunciado a tu arroz con bogavante, no hubieras conocido la gratitud de aquellos a quien ayudaste ni tampoco a Isabel. Recuerda que recibes lo que das. Y no dudes que para todo hay un por qué. Nada sucede por casualidad ni es fruto del azar.

- Tú sabes que soy un poco escéptico para esas cosas.

- Pues creo que deberías confiar más en lo que la vida puede depararte, pero sobre todo devolverte dependiendo de tus actos ya que recoges lo que siembras y recibes lo que das.

- Supongo que si.

- Hasta ahora has tenido inteligencia y suerte en los negocios, pero debes entregarte más a la vida. Ahí afuera, hay un montón de sencillas cosas mucho más valiosas que todo tu dinero, poder y posesión.

- Debo pensar en ello, pero te aseguro que estoy por la labor de cambiar mi percepción de la vida. – Sentenció - ¡Si, amigo mío!, necesito un cambio y tú me has puesto en el camino adecuado, pero quiero ir poco a poco, degustando este sendero sin salirme de sus márgenes.

- Mañana te traeré un par de libros de un reconocido autor. Quizá su lectura pueda ayudarte.

- De acuerdo.

- ¡Por cierto! - Exclamó Raúl - ¿Qué hora es? ¿Habrá venido Emilio a su entrevista?

- Ah, si... Olvidé decirte: Sara me informó que el chico ya había llegado. Ahora está con Manuel. Cuando finalice la entrevista me llamará para informarme - Apuntó extrayendo un cigarrillo de la cajetilla de tabaco que descansaba sobre la mesa.

Encendiéndolo detenidamente, observó con atención el mechero de oro recorrido por sus dedos palpándolo para recrearse con el tacto. Posteriormente lo posó dócilmente sobre la mesa.

- Quiero cambiar de vida Raúl. Lo necesito.

- Puedes permitirte, como te dije, el lujo de vender todas tus empresas y dedicarte a vivir sin problemas el resto de tu vida.

- Espero no tardar demasiado en darte una respuesta a eso. Tengo una idea rondando mi cabeza que suena muy bien.

En ese instante el interfono sonó.

- ¡Dime Manuel! Si, de acuerdo. - Contestó en tono casi robótico.

- ¿Ya termino la reunión?

- Si. Me dice Manuel que se ha quedado gratamente sorprendido con Emilio. Lo vamos a contratar como auxiliar administrativo ya que parece haber un hueco en este departamento.

- Eso es estupendo. Estará contento el chico.

- Es como lo que te dije ayer respecto a Hans: basta un solo segundo de tu tiempo para que tu vida cambie por completo. Enseguida estará aquí. Esta mañana le indiqué a Manuel que si la cosa iba bien le enviará aquí.

- ¡Ah! - Interrumpió Raúl - Esto creo que es tuyo.

- ¿El qué es mío?

- Es el dinero sobrante de ayer.

- ¡Ah! No lo recordaba - Indicó cogiéndolo con la mano para dejarlo al lado del mechero de oro que reposaba sobre la mesa.

En ese instante el interfono volvió a sonar. Un murmullo femenino se advirtió en el auricular.

- ¡Que pase! - Exclamó José.

Dos toques cortos fueron suficientes para que al otro lado de la puerta, Emilio girase el pomo de la puerta.

- Buenos días. Con permiso.

- Entra Emilio. Buenos días.

Raúl le tendió la mano desde su asiento. José le secundó.

- ¿Cómo estás?

- Muy bien, muchas gracias.

- ¡Vaya! Parece que le has causado buena impresión a nuestro director de personal. Me acaba de llamar para informarme.

- Yo, bueno, no sé como…, - titubeo - agradecer su ayuda.

109

- Aún no has hecho nada. Desde el día uno en el que te incorpores, deberás demostrar tu valía.
- Gracias, de verdad. Muchas gracias señor.
- ¿Te apetece un café? - Le ofreció Raúl.
- No, muchas gracias.
- ¿Y un cigarrillo?
- No, no. Estoy bien, gracias - Sentenció un tanto cohibido.
- ¿Ves el mechero que hay encima de la mesa? - Preguntó José estudiando la mirada de su interlocutor.
- Si. Es el mismo con el que anoche usted me dio lumbre.
- Así es. ¡Cógelo! Es para ti. No te darán menos de 500 euros si lo empeñas. Supongo que a ti y a tu familia os ayudará a llegar a fin de mes. Y ese dinero que está al lado del encendedor, puedes cogerlo también. Son las sobras de algo que no puedo aceptar. Y a ti, aunque no es mucho, te vendrá bien.

El chico visiblemente sonrojado quedó mudo, paralizado, incapaz de articular palabra alguna. Con los ojos humedecidos empapado de gratitud, no pudo reprimir una silenciosa lágrima recorriendo su mejilla. Raúl, conmovido por la acción de José, suspiró orgulloso preso de satisfacción por la acción de su amigo.
- Cógelo Emilio - Pidió cariñosamente José - Acéptalo como una ayuda desinteresada, como un gesto de buena voluntad. No puedo decirte qué, pero ayer ocurrió algo que me lleva a entregarte este encendedor y ese dinero.
- Pero…
- Quizá mañana - interrumpió - sin quererlo ni esperarlo, yo pueda necesitar tu ayuda. Te ruego que lo cojas.

Con la mano sudorosa, visiblemente temblorosa, Emilio lo cogió con su mano acariciando el metal con su dedo pulgar. Después, cogiendo el dinero, levantó la vista mirando con sus ojos enrojecidos a Raúl, después a José, y sin mediar palabra lo guardó en el bolsillo lateral exterior de su chaqueta.

- Nunca olvidaré este gesto, don José. Como tampoco la oportunidad que me ha dado al contratarme. Aquí dentro seré su empleado, pero ahí afuera, daré mi vida por usted si fuera necesario. No encuentro las palabras adecuadas que me ayuden a expresarle a usted lo que realmente siento.

Arroz con bogavante (6)

Reservándola deliberadamente para el final, la fotografía de Clara era el último objeto que faltaba por introducir en el interior de la caja. Sujeta por su mano, la alzó lentamente para observarla besándola suavemente a continuación.

- Perdóname por todo el mal que te hice. Te llevaré siempre en el corazón - Susurró colocándola finalmente en el interior de la caja con sublime cuidado.

Posteriormente se giró hacia la ventana donde el paisaje permanecía inalterable pese al transcurrir del tiempo, donde a los lejos, las mismas montañas con su misma forma inalterable, servían de decorado a la cercanía del lugar con las mismas naves industriales del polígono, más viejo y decolorado que cuando años atrás, José comenzara a trabajar en aquel mismo lugar tras terminar sus estudios de ciencias económicas. Lo único que ya no estaba y de veras echó de menos melancólicamente, eran las tierras de labranza del tío de Raúl, ahora ocupadas por una de las muchas naves industriales que pertenecieron a José. Sin poder evitar echar la vista atrás, recordó a un joven Raúl trabajando duramente aquellas tierras, punto a partir del cual, deshizo el camino temporal hasta llegar al momento presente deleitándose con sucesivas imágenes y sonidos para revivir mil gratas escenas protagonizadas por un Raúl victorioso ante la vida, que con esfuerzo, supo salir airoso de la adversidad a base de tesón y sacrificio. Lo que José sentía por su amigo, no solo era respeto y admiración, sino orgullo ajeno por sus logros que le hacía emocionarse sobremanera justo en el momento que la puerta sonó dos veces.

- ¡Adelante!
- ¿Estás listo?

- Si - Contestó dirigiéndose hacia la puerta. Un último vistazo recorrió el amplio habitáculo para en silencio, dar las gracias a la vida por los años que desde aquel despacho dedicó a levantar su imperio empresarial.

Raúl, comprendiendo que allí quedaba gran parte de la vida de José, aguardó en completo silencio hasta que finalmente tras cerrar la puerta tras de si, se decidieron a bajar las escaleras.

Fue cuando un fuerte aplauso resonó por el hall de entrada a las oficinas repleto de empleados, consiguiendo sorprender a José que no esperaba aquella despedida, al menos, como él la había imaginado.

Allí estaban todos. Hombres, mujeres, Emilio, jefes departamentales y el consejo de administración en pleno que durante tanto tiempo estuvieron al lado de su patrón, como así le llamaban, para entregarle su común reconocimiento y gratitud. En algunos de aquellos rostros había lágrimas, en otros una sincera sonrisa de satisfacción por la nueva vida que José había decidido emprender y que todos conocían tras haber sido informados de la venta de las empresas a un consorcio extranjero.

Saludando emocionado, José dio las gracias repartiendo su mano, besando mejillas, hasta que todos, uno por uno, pudieron despedirse del que hasta ese momento había sido ejemplo a seguir como compañero, jefe y persona. Después, acompañado por Raúl y con el firme deseo de emprender su nueva vida, las puertas de la entrada se abrieron para sentir el aire proveniente de las montañas con la misma frescura acostumbrada que José agradeció para deshacer el nudo de dos lazos formado en la garganta. Despacio, lentamente, el automóvil conducido por Raúl, se deslizó calle abajo mientras la nave principal color verdiblanca empequeñecía conforme la distancia aumentaba. Las primeras letras de la primera página del siguiente episodio de su vida, ya estaban en imprenta.

Al llegar al muelle deportivo, se dirigieron hasta el atraque donde se encontraba el magnífico velero de dos mástiles que José había adquirido a una mujer holandesa de avanzada edad, que tras enviudar, deseaba volver a su país de origen para terminar allí sus días.

Isabel, Antonio y Manuel, junto a Raulito en brazos de Silvia, recibieron a José y Raúl.

- ¿Como estás? - Preguntó Isabel.

- Ha sido duro, muy emotivo. No esperaba la reacción del personal - Dijo alargando sus brazos para recoger a su "enano", como gustaba llamarlo, para besarle la frente con dulzura sin dejar de hacerle carantoñas. - Pero eso ya queda atrás. Ahora toca mirar hacia adelante donde una nueva vida nos espera.

- ¿A que hora os haréis a la mar?

- El barco ya está aprovisionado con todo lo necesario, así es que partiremos al alba. Calculo llegar a puerto el viernes.

- Supongo que lo primero que harás al llegar a Asturias, será buscar un restaurante donde sirva un suculento arroz con bogavante, ¿no? - Apuntó Raúl.

- No, por favor. ¿No me veis las antenas y la cara de bogavante que tengo? - Preguntó Isabel levantando las risas del grupo.

- Ya me conocéis. Eso no puede faltar en mi dieta.

- Lo más importante es la nueva vida que estáis a punto de iniciar - Interrumpió Silvia

- A partir de mañana cuando levemos anclas, todo esto no será más que un grato recuerdo. – Añadió Isabel.

- Lo estoy deseando - Intervino José.

- Os vamos a echar de menos, ¡bogavante! – Dijo Raúl levantándose de su asiento para despedirse. Silvia y los niños, le secundaron.

- ¡Y yo a vosotros! - Nos vemos por Internet - Respondió fundidos en un gran abrazo - ¡Venga, iros ya! Sin despedidas, ¿de acuerdo?

Al día siguiente con la mar en completa calma bajo un cielo desierto de nubes, el amanecer les llevó a zarpar siguiendo la suave brisa del océano cuyo fresco salado perfume, se confundía con el aroma de café que José sujetaba en la mano, mientras sus ojos posaban su mirar calmo y sereno sobre la inmensa línea que separa cielo y mar adonde el viento a favor, marcaba el rumbo que le llevaría a una nueva y tranquila vida que deseaba tanto como Isabel.

Tras de si toda una vida, una historia, un precioso recuerdo donde las siluetas de Raúl y José, aparecían en la mente separados por la calle que dividía la nave industrial y las tierras de labranza; lugar en el que mucho tiempo atrás, comenzara a fraguarse una fiel y leal amistad que hoy sigue su curso.

- FIN -

N. del A. - Los nombres de los protagonistas han sido modificados deliberadamente para preservar su intimidad.

A excepción de un huerto solar de 178.000 metros cuadrados inundado de paneles solares fotovoltáicos, cuya energía generada por el sol es transferida a una empresa suministradora de electricidad, José vendió la totalidad de su patrimonio obteniendo un gran capital, parte del cuál, donó a diferentes asociaciones de carácter benéfico. Actualmente, desde mayo a octubre, José vive felizmente con Isabel y Raulito a bordo del "Blue Ice", un precioso velero de dos mástiles amarrado en un hermoso puerto del principado de Asturias, mientras desde noviembre a abril, fondean en un tranquilo y apacible atraque de un pequeño y romántico puerto situado en algún hermoso lugar de las Islas Canarias, donde los días con sus noches son eterna primavera, y los atardeceres un regalo para el alma. Sobre la mesa del salón del velero, siempre hay un ramo de siete frescas rosas rojas envueltas en un cucurucho de plástico transparente con un pequeño lazo color verde, idéntico al ramo que Emilio le entregara cuando la conoció. Hoy Raulito tiene ocho años y demuestra pese a su corta edad, un innato don comercial. Cada mes, José hace una importante contribución económica a diferentes comedores sociales, tanto en Asturias como en Canarias, en los que además colabora prestando su desinteresada ayuda en la cocina repartiendo ranchos a los desfavorecidos que acuden al comedor, donde el arroz con bogavante, es primer plato cada primer domingo de cada mes, siendo el segundo calamares a la romana. Así mismo y en sempiterna compañía de Isabel, dirige con gran dedicación una asociación de recogida de ropa usada que después de ser desinfectada, lavada y clasificada, reparten entre la gente necesitada. Cada día en su cartera de bolsillo, introduce ciento cincuenta euros con los que realiza pequeñas obras altruistas en sus paseos al atardecer. Su cuello no luce gargantilla, no hay reloj en su muñeca ni anillo en su dedo. Se desplaza en un modesto utilitario eléctrico y su vida en resumidas cuentas, es tan sencilla que lejos de la complejidad del hombre, encontró la sencillez de la felicidad. Actualmente Isabel espera su primer hijo. Antonio y Manuel (fruto del matrimonio de José con Clara), recuperaron la confianza en su padre. El arroz con bogavante sigue siendo su bocado predilecto.

Raúl se estableció por su cuenta abriendo una empresa con dos negocios paralelos: embellecimiento y conservación de entornos medioambientales y mantenimiento integral de huertos solares con las que ha alcanzado notorio éxito. Su mejor cliente es el huerto solar de José. Vive dichoso con Silvia en su apacible y coqueto adosado. Recientemente ha comprado un huerto cercano donde emplea a cinco trabajadores humildes todos ellos, a los que reclutó mientras pedían limosna en la calle. Uno de ellos es Hans, quien se ocupa de transportar la cosecha recogida para ser entregada a diferentes comedores sociales en los que José colabora.

El brillante clarinetista de la esquina, fue descubierto por un cazatalentos inglés que casualmente pasaba por allí cuando se encontraba de vacaciones en nuestro país. En la actualidad, el clarinetista vive en Nueva York y es miembro de una conocida banda de jazz. La chaqueta de sus actuaciones..., es la de José.

Emilio ocupa un destacado lugar en el consejo de administración de las empresas que José vendió a un holding empresarial sueco. Su hermano ya no vende golosinas y sus padres viven despreocupados en un pequeño apartamento frente al mar que Emilio compró para ellos. Nunca empeñó el mechero de oro que José le regaló y que celosamente guardó durante años, con la esperanza de ser devuelto algún día a su legítimo propietario, como así espera hacerlo por decisión propia cuando de nuevo regrese el próximo otoño. Su ilusión es hacerlo en compañía de Raúl y Silvia, brindando con cava en la cena de bienvenida que será, como no podía ser de otra forma, a base de arroz con bogavante.

A día de hoy, todos conocen la verdadera grandeza de la vida; la que reside en las cosas y detalles más pequeños, lejos de buscar la felicidad en las grandes cosas artificiales que el hombre ha diseñado para satisfacer su ego.

La luz del foco (1) - (el foco)

El peculiar estruendo de la verja al subir, se convierte por puro costumbrismo en un sonido más al que nadie en el vecindario presta atención cuando el frutero de la esquina, abre puntualmente su negocio. Mientras tanto y tras cargar el último contenedor de la calle, el camión de la basura se aleja camino de la escombrera en el preciso instante que el magnífico perro labrador color negro, ya ocupa su lugar a los pies del ciego que tras montar su puesto de venta con la suerte de cada día, espera el primer cliente cuando el molinillo de café eléctrico del cercano bar, trabaja a gran velocidad triturando grano a grano la esencia que suave se confunda con el aroma de la tercera hornada de pan cociendo en la panadería aledaña.

Y no hay mucho más, pues así levanta como cualquier otro día, esta preciosa jornada decorada por un cielo azul intenso sin nubes, donde la suave brisa armoniza la moderada temperatura que invita a salir a la calle ligero de ropa: algunos para comprar, otros camino del trabajo, los que ni compran ni trabajan para pasear mientras el resto se dirige al kiosco de la esquina para adquirir la prensa que leer en la terraza del bar, donde mesas y sillas, esperan clientela.

Y entre el paisaje cotidiano, como un trazo más del mismo lienzo de ayer y anteayer, con sus gentes, tiendas y mobiliario urbano; yo, tempranero, desapercibido como siempre dispuesto a mi paseo matutino que placentero me lleve sin rumbo con la mente quieta y serena a divisar allá en la lejanía, como tanto me gusta, las no tan distantes montañas cuyo aire serrano llega a la ciudad hinchando mis pulmones del frescor de este amanecer que a fuerza de costumbre no perdono.

119

Poco tiempo después de iniciar mi andar, advierto al cruzar un callejón sin salida perpendicular a la avenida por la que me encuentro, a tres individuos con la cabeza rapada y signos de otras negras épocas finalizando una paliza a un pobre indigente sin nada al que robar, dejándolo magullado sobre dos cartones que a modo de colchón, aparecen ahora empapados en orina por el miedo de la víctima.

Un poco más allá, dos jóvenes con navaja en mano de no más de veintidós a lo sumo veintitrés años, acaban de cometer su primer atraco del día. El botín se compone de un pequeño maletín con uno de esos pequeños ordenadores en su interior, un paquete de tabaco, una cartera con cuarenta y cinco euros, un reloj de pulsera y de propina, el corte en un brazo al propietario de lo expuesto fruto de un fallido intento por zafarse de los delincuentes.

Y sin acabar de ver la escena, al otro lado de la calle, un vecino de la zona aparece con los nervios destrozados insultando a voz en grito y con grandes aspavientos, a un hombre que yacía dormido sobre un banco con una botella de vino a los pies. Desaliñado y de aspecto mal cuidado, el hombre sobresaltado pasó de su protectora posición fetal a caer al suelo por el susto. Atolondrado, con evidentes signos de embriaguez y el semblante dudoso al no encontrar noción del tiempo ni situación, es increpado duramente por los afrentas del vecino, al parecer, molesto con la presencia del alcohólico frente al portal de su casa.

Y a todo y nada llegando a mis oídos unos gritos provenientes calle arriba, donde dos coches con las puertas abiertas, delatan dos conductores en la calzada peleándose a puñetazo limpio porque uno de ellos, según me dijo un curioso, lo miró con cierta chulería desde su automóvil cuando ambos esperaban que el semáforo abriera.

- ¡Y el día no ha hecho más que empezar! - Pensé. - Qué le pasa a la gente…, a la sociedad…

Sin embargo hoy como es habitual en mi, me levanté positivo, alegre, optimista, pero el devenir de los acontecimientos parece que busca mi irritación sabedor del poder de contagio que los avatares negativos tienen. Pero no estoy dispuesto a infectarme, así es que conservo la calma ayudando a incorporarse al indigente malparado por la bestia sinrazón de…, iba a decir cabezas rapadas, pero mejor describirlo como cabezas huecas.

Mitad furibundo mitad dolorido, lo acompaño al bar donde tras la barra pido al camarero le sirva un bocadillo y un café con leche, mientras le limpio con servilletas la sangre emanando por la nariz además del corte en la cara que pese a la escandalosa hemorragia, no aparenta gravedad.

Pero el camarero adivinando mis intenciones, deniega el auxilio aludiendo como pretexto el insoportable hedor a orín del indigente, además de espantar con su presencia a la posible clientela cuando en ese instante tan solo él y nosotros dos estábamos en el bar.

Ante su falta no ya de humanidad, sino solidaridad amén de la compasión, siento entonces como mi irritación sigue en aumento, pero de nuevo logro controlarme. No está en mi ánimo que nada ni nadie perturbe mi paz interna, por lo que sin mediar palabra, retrocedo hasta la calle con el indigente al que ayudo a tomar asiento sobre el mismo banco que el borracho, cuyo aspecto, resulta más beodo que cuerdo. Aceleradamente cruzo la calle y me acerco al hombre que han atracado. Contrariado, soltó nervios lanzando improperios al aire fruto del susto que aún tenía en el cuerpo, intentando por mi parte mitigar su ansiedad con alguna frase amistosa que resultó infructuosa a juzgar por su miedo y angustia; cosa que entiendo.

Tras un rápido vistazo compruebo que se encuentra bien. Afortunadamente el corte del brazo es superficial, aunque la manga del traje difícil remiendo tendrá. Viéndole un poco mejor, me despido de él cuando mi auxilio no es necesario, para dirigirme hacia los conductores con la intención de mediar en la estúpida pelea. Gracias a la ayuda de cuatro hombres más, mejor dotados muscularmente que yo, conseguimos detener su empeño por destrozarse mutuamente cuando la cosa tornaba peligrosa a tenor de una creciente agresividad, ya que ninguno de los dos estaba dispuesto a arrojar sobre la calzada la toalla en un ring improvisado.

La policía aparece, pero parece que nadie sabe nada cuando los protagonistas ya en sus coches, desaparecen del lugar sabe dios si para continuar en otro lugar o tomando viento fresco para olvidarse del acontecimiento. Girando la mirada para observar el banco al otro lado de la calle, observo a borracho e indigente como soportan los nuevos insultos del vecino, que más indignado que antes, vuelve a la carga con actitud violenta y ademán de agresión sin que los transeúntes que iban y venían, hicieran nada al respecto. No puedo remediarlo, porque me parece no solo una injusticia sino una falta de respeto, por lo que llegó prontamente para situarme entre víctimas y provocador preguntando al vecino el por qué de su actuación.

Y así, como si nada, además de llamarme entrometido, me manda bien lejos a un lugar que ni me atrevo a relatar.
- Pero, ¿qué pasa hoy? ¿Por qué tanta agresividad?

Y me vuelvo a dominar para que mi contenida ira temporal no estalle. Así me llevo a estos dos pobres del lugar; el uno borracho y el otro indigente, a una cafetería un poco más allá donde aún con mirada inquisidora, el encargado a regañadientes me permitió entrar.

Era obvio que sus estómagos estaban más secos que un vermouth, así es que verlos desayunar fue un gozo de satisfacción. Sus tímidas miradas de vez en cuando se cruzaban con la mía en un sordo diálogo cargado de gratitud, para después bajando prontamente la mirada, calmar su vergüenza social. Así, disimulando, cogí el periódico que estaba sobre la barra para distraerme mientras ellos desayunaban, sintiendo un halo de rabia en mi interior al descubrir sobre sus hojas como el enésimo cargo público, había sido imputado por malversación de fondos.

Vuelvo la página y me encuentro con otro titular anunciando un nuevo atentado en Oriente Próximo, la posibilidad de acudir a un nuevo rescate de la banca, nuevos recortes en materia de educación, sanidad y pensiones, el aumento de los impuestos y el imparable desempleo, las incomprensibles pretensiones de autodeterminación de los mismos testarudos de siempre, y por resumir, una larga lista que nadie parece querer solventar ni yo escribir en este momento.

- ¡No! Me niego a que nada pueda condicionar mi ánimo. Tanta estupidez, incoherencia y absurdo, no puede influenciar la serenidad con la que hoy amanecí. De esta forma cierro el diario y me centro en mis invitados, preguntando tras apurar la última gota de café si desean algo más.

Pago mi cuenta y entrego diez euros a cada uno; es todo cuanto tengo, no puedo darles más. Así quizá esta noche no tengan que buscar su cena entre los cubos de basura.

Previa palabra de ánimo, otra palabra me despide de ellos, recibiendo a cambio un sincero agradecimiento antes de perderme lentamente calle abajo hasta llegar al parque, donde mil palomas picotean el suelo inmersas en mil arrullos confundidos con la cascada de la fuente central.

123

Y me dejo llevar por el lienzo; buscando el sosiego de la vida que por mis ojos pasa en ese momento mientras un niño me adelanta por delante con su bicicleta, después una madre paseando a su bebé en su carrito, fijando un poco más allá la mirada en un anciano mirando a la nada abstraído pensando en solo dios sabe qué.

Tomando asiento contemplo el colorido de las flores y las hojas de los árboles brotando, para impregnar el aire de perfumes y el decorado de colores formando un precioso cuadro que aprovecho para armonizar mi ser, y así llenarme de la misma paz con la que el todo natural, vive en plena armonía con la vida. Y en esas estaba yo cuando sin salir de mi asombro, veo correr a un hombre de mediana edad con un bolso femenino en la mano sustraído a una anciana que sobre el suelo, yace por la virulencia del tirón.

Algunos, los menos, se alborotan lanzando injurias que no me atrevo a narrar, mientras la inmensa mayoría, observa impasible desde primera fila y sin pagar el suceso sin actuar, como si el evento formara parte de la rutina cotidiana.

Y me indigno al comprobar como nadie ayuda a la señora que dolorida, intenta incorporarse haciendo un gran esfuerzo. Acercándome a ella la pregunto por lo ocurrido, contestando entre lágrimas que el tirón la dejó sin dinero para toda esta semana, cayendo por el suelo mi alma por el dolor ajeno.

No sé quien, aunque no importa, pero alguien llamó al 112 solicitando la intervención policial y una ambulancia, quienes tras acudir poco tiempo después, intentan serenar la ansiedad de la señora que sin dejar de llorar por su dinero más que por dolor, presta declaración a la policía junto a mi testimonio que ofrezco describiendo la morfología del delincuente. Y sin que nada más pueda hacer yo salvo despedirme de la anciana y de la policía, reanudo mi sendero apesadumbrado por lo acontecido, hasta llegar a la frutería cercana a mi casa donde el indigente silencioso, escucha al borracho parsimonioso sin dejar de hablar en el mismo banco donde sentados los dejé pese al tiempo transcurrido.

Ya en el interior del establecimiento, selecciono las zanahorias y cebollas que las lentejas en remojo esperan sobre la encimera de mi cocina, hasta que por detrás de mí, alguien de manera enérgica y desmedida, me incita a volver la vista.

Un hombre cuya corpulencia es tan grande como su falta de educación y respeto, aparece increpando hasta la amenaza a un joven delgado, pequeño, azorado, negro azabache desgastado por hondas arrugas serigrafiadas en su frente como las olas que batieron su patera en la que algún día llegó a la tierra prometida.

Sin saber que decir ni como reaccionar, el inmigrante tan solo podía mirar a todos los demás sin saber que hacer.

- He dicho que te pongas guantes en las manos para coger la fruta, ¡negro! ¿Por qué no coges tu patera y te vuelves a la mierda de donde saliste?

El encargado de la tienda salió raudo a intervenir intentando aplacar los nervios del bravucón sin conseguirlo, mientras una atenta señora olfateando el derrotero, cogió por el brazo al joven paralizado por el miedo para sacarlo de allí. Pero el hombre, alzando la voz fuera de sí, no entró en razón ante la educada solicitud del encargado quien acabó por ser insultado, momento en el que sin invitación me inmiscuí en la conversación:

- Disculpe: yo no soy de aquí, - le espeté con calma y suavidad mirando fijamente a sus ojos encendidos por la ira - ¿Por qué no intenta echarme a mí?

- ¡Tú no eres negro! A esa gente habría que borrarla de este país que solo vienen a vivir del cuento.

- El encargado de la tienda tampoco es negro y sin motivo le ha insultado. ¡No, amigo! El "negro", como usted dice, vive una penosa realidad que no merece más que usted sumergido en una burbuja de miserable intolerancia. ¡El que sobra es usted!

Y sin más, teniendo a los asistentes del supermercado en su contra tras alzar la voz reprendiendo su innoble comportamiento, optó por marcharse no sin antes llenarse la boca de insultos, agravios y juramentos de mala sorna.

Así las cosas; con mis zanahorias y cebollas, regreso a la tranquilidad de mi hogar con la intención de aislarme de tanto foco de infección, encerrándome en mi intimidad para recobrar la misma paz que esta mañana sentí al despertar.

La luz del foco (2) - (analizando el foco)

Después de emplear tras la sobremesa no más de treinta minutos en hacer yoga ibérico y refrescar mi rostro con el agua que me despereza, compruebo a través de la ventana como el gris del cielo amenaza lluvia. Y como no hay mejor lugar que el hogar, decido no salir esta tarde a mi acostumbrado paseo, encendiendo el brasero que de calor llene esta estancia, disponiéndome a escribir tomando un café que de sabor inunde mi paladar mientras el incienso incandescente carga de aroma el ambiente. Y escribo; quizá para mi, acaso para nadie o tal vez para tus ojos que ahora leen, aunque quizá de nada sirva cuando tras un lapso temporal, el pronto olvido las borre de la mente después de regresar a una banal realidad que complique lo sencillo como siempre.

Analizando los hechos que esta mañana acontecieron al amparo de la ceguera social, donde la falta de cordura me abate pero no derrota en mi iluso empeño por un mundo mejor, los acepto, aunque no los pueda comprender, pues no hay mayor verdad que admitir el exagerado índice de manipulación que condiciona los actos y comportamientos de una aborregada sociedad sumisa a los designios de quien a fuerza de insistente repetición, insensibiliza al mundo a base de imágenes que a todos nos adormezca en un sueño de imposible grandeza alejado de la realidad, y que irremediablemente, aletarga al ser humano en su propio perjuicio.

Un sueño a lomos de un mundo - prosigo moviendo mi pluma - del todo incongruente que por necedad prefiere el caduco petróleo a la eterna y limpia energía del agua, sol y viento por solidaridad planetaria; que tolera en su indiferencia por el desfavorecido la exclusión social, donde se siembra golf y no verduras, donde la mentira prevalece sobre la verdad, donde fomentar ignorancia resulta más barato que invertir en educación, donde la vejez es un gasto innecesario, la sanidad un negocio impresentable, la dependencia un favor y no un derecho, y donde la decadencia social y medioambiental en un indecente ejercicio generalizado, es sistemáticamente negada pese a la más clara evidencia.

Un mundo, quiero decir, con ansias de amor mientras el amor es ridiculizado como herramienta de unión, donde nos interesamos por la vida en el espacio exterior sin preservar la existente en el planeta que nos sustenta, donde satisfacer el deseo material es un trofeo más que añadir a la banal colección de un incombustible ego que usa y tira, mientras medio mundo muere de hambre y la otra mitad de obesidad.

¿Que podemos esperar de un mundo despierto a un sueño virtual donde nadie es quien dice ser y miente más que habla, que huyendo de las relaciones humanas, concede más importancia a la sandez que a la injusticia social?

Un mundo; ¡si!, donde se pretende debatir los derechos animales sin respetar los humanos, donde la libertad individual es confiscada a cambio de una falsa seguridad que es aceptada por miedo infundado, donde los recursos agropecuarios son negocio y no alimento, donde la historia es tergiversada por sectarismo político y olvidada por el tozudo interés en repetir los mismos errores del pasado que nos lleve a estrellarnos. Donde el corrupto es inmune y la necesidad sentenciada, donde hacemos la guerra para hacer propio lo ajeno, donde vivimos impasibles al hambre mientras tu calmas tus ganas de comer, donde el consumo de materias primas crece a un ritmo muy superior al de regeneración natural, donde en el colmo de la ignorancia se concede el premio Nobel de la paz a quien sin piedad, vende y suministra tanques y aviones contra palos y piedras, y donde las Naciones Unidas, están a merced de la interesada voluntad de tan solo cinco países que en defensa de sus tan egoístas como desleales intereses, navegan contracorriente al resto de un mundo controlado por un insensato sistema que a golpe desestabilizador, divide por imposición a sus sociedades en fronteras y banderas rumbo a un gobierno, economía y pensamiento únicos, con la intención de borrar del mapa toda idiosincrasia levantada con el sudor de nuestros ancestros.

Así es este mundo: que oye pero no escucha, que ve pero no observa, que padece pero no siente, que se mueve pero no actúa, y donde el sentimiento de apoyo y adhesión, es algo pasado de moda en una sociedad construida para criticar, enjuiciar y censurar como burdo pasatiempo universal.

¡Merecemos un mundo mejor!, gritan ahí afuera en el colmo de la hipocresía, eludiendo estrechar sus manos a las prójimas desde una indolente posición que huye de unir esfuerzo para lograr la fuerza, sobreviviendo bajo el engaño de pensar que la solución no está en ti, como en mi, sino en dejarte llevar por la democracia dictatorial que nos gobierna para hacerte creer que eres libre, por el simple hecho de ejercer un voto y tomar decisiones personales bajo un falso libre albedrío que en realidad no tienes, porque no te pertenece aunque te corresponda, sin darte cuenta que como yo, ese y aquel, no somos más que dóciles siervos bajo la prescindible identidad de un número.

Y ante la injusticia, nos ofuscamos defendiendo la libertad de pensamiento con la mente secuestrada, del todo retorcida e influenciada para satisfacer la usura de quien con subliminales artimañas, nos dice como hablar, comer y vestir, a quien amar, a quien odiar, repudiar o excluir, en un mundo incoherente cada vez más ignaro que de espaldas a la más clara realidad, acepta hasta la saciedad la insolente mentira repetida una y mil veces hasta hacerla verdad.

No es pues de extrañar que la gran masa social progrese divida bajo interesadas corrientes de opinión, involucionando a base de racismo y xenofobia, iniquidad y desigualdad, machismo e intolerancia, violencia, egoísmo, envidia y vanidad…, como supremos valores impuestos sin nuestro consentimiento y que tú, como yo, como todos, ejercemos bajo la desmedida competencia y absurda rivalidad que sin escrúpulo fomenta la obscena indecencia de ser y tener más que los demás por miedo a perder. ¿No es lo que nos han hecho creer?

Esta es la sublime adoración hacia un omnipresente dios llamado dinero, que desde el vértice de su intocable pirámide, manifiesta la viva imagen y semejanza de la codicia humana capaz de transformar por devota pleitesía, cualquier teología en ideología del provecho y beneficio.

Preguntémonos entonces, ¿quienes somos para exigir ni siquiera desear un mundo mejor apoltronados desde un inamovible asiento frente al televisor, cuando por cómplice pasividad, culpable inacción y cobarde silencio, permitimos la destrucción de los valores que deben primar para coexistir y cohabitar con garantías de futuro, más aún cuando en defensa de nuestra comodidad, contribuimos a depredar el medio que nos sirve de morada y sustento?

No habrá un mundo mejor mientras el injusto reparto de la riqueza sea admitido por todos, mientras el despilfarro de recursos, energía y alimento, sea discordante con la necesidad de un mundo que necesita su medioambiental sostenimiento, mientras el claro camino de oscuras intenciones escogido por unos pocos, sea acorralar a las masas que sin hacer nada excepto entregarse a la ignorancia, termine por aniquilarse para cuando los fuertes queden y el resto desaparezca tras la limpieza improductiva, quedar como fieles siervos al servicio de una elite que dueña de los recursos y finanzas planetarias, rescriba la historia para olvidar que antaño hubo un momento de libertad donde toda oportunidad, fue desperdiciada por una ciega, sorda y muda sociedad que a la deriva derrota cerrando los ojos a la luz de la inteligencia.

La luz del foco (3) - (la luz del foco)

La mañana amanece bajo un cielo azul intenso desierto de nubes, donde la brisa simplemente acaricia y la templada temperatura invita a desprenderse de la chaqueta. Y parece que no solo soy yo quien lo percibe, pues tanto es así, que un alocado jolgorio de cantos de gorrión a contrapunto con los mirlos, tocan sin ritmo ni son una improvisada canción de animada y alegre composición.

El precioso perro labrador del ciego espera a su amo tumbado sobre la acera, recibiendo el cariño de un vecino que tras salir de su portal, pasaba por allí, mientras el frutero está abriendo su tienda saludando al mismo tiempo al panadero que por cortesía, devuelve una sonrisa y el deseo de un buen día en el momento que alguien sale del animado bar donde el ambiente resulta jovial.

Pedro, el camarero, se afana por servir al ciego el matutino cafecito antes de montar su puesto de venta, dialogando sobre nada intrascendente con el ejecutivo sentado a la barra con su maletín a los pies. Su elegante vestimenta lo adorna de buena facha, con un abundante y cuidado pelo, en casi cómico contraste al compararlo con la ausencia de cabello respecto a los dos hombres sentados entorno a una mesa, conversando con sus cabezas rapadas y sus brazos tatuados.

Un coche aparca, su inquilino se apea y cierra la puerta, mientras otro coche estaciona a su lado. Por casualidad ambos conductores se dirigen a la vez a la entrada del bar, cediéndose al unísono con educación el uno al otro el paso hasta que alguno de los dos se decida a entrar primero. Y mientras tanto degustando mi café, ojeo el diario donde nada hay que destacar aunque todo tenga su interés, pues su contenido consta de instructiva información sobre variados temas de índole social, cultural y deportivos excepto la pequeña sección de sucesos, donde en algún otro lugar de no recuerdo que país, destacan la deleznable cobardía de un tirón a una anciana perdiendo su pensión de una semana, la paliza propinada a un indigente por unos hombres de aspecto curiosamente parecidos a los clientes de la mesa del bar, además de un par de locos con sus facultades no demasiado sanas, donde el primero se ensañó con un borracho por la simple razón de dormir sobre un banco situado frente al portal de su casa, mientras el segundo amenazó con golpear a un inmigrante de color que por desconocimiento omitió introducir su mano en el interior de un guante de plástico para seleccionar la fruta deseada.

- ¡Qué cosas por dios! ¿Cómo es posible que esto suceda?

Fue en ese instante cuando un joven ataviado con la ropa del supermercado cercano, entra en el bar buscando a alguien que por fin logra encontrar. Son los dos hombres de cabeza rapada quienes saludan al verlo llegar. No fue mi intención escuchar, te lo digo de verdad, pero el hombre traía consigo dos contratos de trabajo para que los pudieran firmar.

- Mañana a las ocho empezáis en el almacén. ¡Bienvenidos! Os deseo buena suerte – Terminó diciendo con un apretón de manos, amplias sonrisas y gratitudes por despedida.

Parecían muy contentos y yo, aunque nada vaya conmigo, me alegro por ellos.

- ¡Juan! ¿Te apetece un pincho de tortilla que acabo de hacer?

- No, gracias Pedro. Dime que te debo.

Y tras mi sempiterno deseo de un buen día que todos contestaron con educación y cortesía, me pierdo lentamente calle abajo hasta llegar al parque, donde innumerables palomas chapotean sobre el agua de la fuente mientras otras picotean las migajas que una anciana

133

de tierno semblante, extrae de una pequeña bolsa alojada en su femenino bolso entre mil palomas sube y baja entorno a ella. Y me sumerjo en la inmensidad natural entre las interminables y armoniosas conversaciones de los pájaros, que el rumor del viento confunde con los gritos de las golondrinas: tan pronto aquí como allá, que sin dejar de hacer piruetas en el aire, vuelan tras los insectos a la hora de comer. Y como el invierno pasado llovió y no hay sequía, el esplendor de la vida estalla en mil colores bajo los riegos aspersores entre las hojas de los árboles y entre mil coloridas flores, donde la paz del lugar se mezcla con el perfume delicioso en un momento sencillamente grandioso.

Mientras tanto un niño pasa por delante con su bicicleta, una madre camina con su bebé seguro en su carrito y un anciano mira a la nada distraído o quizá abstraído pensando en solo sabe dios qué, mientras tomo asiento para contemplar este cielo lleno de aves formando un decorado de contrastes en movimiento donde cada fotograma, siempre es distinto e imposible de repetir.

Me siento bien, alegre, dichoso; sintiendo como mis pulmones se hinchan y mi calmada respiración me llena de quietud, cuando observo unos jardineros recogiendo la poca suciedad provocada por la intensidad del viento, y otros sembrando los jardines para que mañana o el próximo día, vuelva a llenarme de calma.

Y entre el éxtasis de placer, mi quieta mente serena, registrando la naturaleza de este lugar mientras observo su magnánima pureza, tan intensa, bajo la cual me dejo llevar en compañía del siseo de la brisa agitando el verde de los pinos y la frescura de los chopos, donde su juventud desentona con la vejez de los olmos cuando una rara coreografía de extraños movimientos, es formada por el viento que ahora de nuevo se levanta distrayéndome en la nada, para sentir en mi adentro mi humilde pequeñez percibiendo ser uno más entre la unidad de la que ahora, como siempre, formo parte inherente en este decorado donde nadie me ha llamado, sin que falta haga porque simplemente soy un ser vivo invitado.

Así es como el todo se hace presente en mí, para concebir mi existir como la esencia del árbol, del cielo y la tierra, de la flor y la luz…, la luz del foco de mi vida donde su albor me alumbra y guía noche y día.

Y así es como desde la humildad por lo que soy se manifiesta la conciencia; ofreciendo una oración de gratitud por la vida que fluyendo desde adentro hacia fuera, agradece cada amanecer sobre mi lecho bajo el techo de mi hogar, esperando que mañana, sea una jornada donde otros ciegos despierten a un imposible sueño bajo el cual, no podemos seguir.

- FIN -

La puerta (1)

Cansado de su largo caminar, Hombre llegó frente a un elevado y ancho peñasco situado en el centro del pedregoso camino.

Era aquella magnífica piedra de tonalidad marrón anaranjada tan dura como el granito que lo revestía, y aunque él no podía saberlo porque la niebla lo cubría todo, tan alta como un edificio de treinta plantas.

Intrigado, su mirada lo recorrió con curiosidad hasta donde la bruma permitía la vista, bajo un oscuro clima empapado en fina, fría y húmeda lluvia bajo un silencio desolador, casi sepulcral, tan intenso y penetrante, que el ruidoso sigilo en sus oídos tornaba estridente.

Agotado, Hombre tomó asiento en actitud reflexiva frente a la gran roca en forma de efigie rectangular, contemplando el gris de su alrededor entre la cada vez más cerrada niebla absorto en sus propios pensamientos, tan sombríos y tenebrosos como el ambiente de aquel día.

La panorámica del lugar le recordaba el mismo paisaje que veía tras su ventana a cada amanecer; las mismas perspectivas, con el mismo horizonte invisible y el mismo lúgubre decorado, donde acostumbradamente Hombre se asomaba jornada tras jornada. Y aquel paraje, con aquel color, le parecía un paralelismo con su vida donde el panorama surrealista, aparecía pintado con gruesos trazos de un aburrido y triste tono difuminado por la rutina del tiempo, donde el marco que lo sustentaba, lentamente se resquebrajaba bajo un aroma incierto.

Transcurrido un tiempo, su mente quedó en blanco, sin ruido, serena de todo pensamiento, hasta que sus párpados cayeron lentamente fruto del cansancio como las finas gotas de agua de lluvia.

En aquel sueño, no había sueño, ni imágenes ni colores, formas ni escenas que ocuparan el ancho y largo de su pantalla mental, tan sólo, una vasta y enigmática sensación de profundo vacío existencial. Hasta que de pronto, surgida de alguna desconocida fuente, apareció algo más; como si fuera una especie de extraña señal o quizá la percepción de un mensaje, en cualquier caso, un sentimiento que le advertía de estar siendo observado.

Frente a sus ojos cerrados, la indefinición de una forma incorpórea se acercó alargando lo que parecía un papel sin texto, sin nada, en blanco. Pronto comprendió que aquello en realidad era un examen carente de preguntas, sin letras ni apariencia, como una prueba de conciencia a la que debía enfrentarse para escoger dos únicos caminos; de un lado, el que le haría desandar la ruta que lo condujo hasta la roca de regreso a su lugar de procedencia, y de otro, el que sin mirar atrás, lo dirigía hacia un viejo y sabio sendero llamado Experiencia.

Fue en este punto cuando inexplicablemente, la sensación se atenuó hasta desaparecer. Confuso, sin tiempo a la reacción y sin noción del tiempo, Hombre abrió sus ojos para caer en el asombro ya que inexplicablemente el paisaje había cambiado radicalmente.

Una luz de intensa luminosidad cubría el majestuoso azul de un cielo desierto de nubes, donde el cálido sol, caía delicioso a la piel mientras la brisa suave y ligera, tocaba danza para la verde y exuberante vegetación en un compás alegre y cadencioso armonizado por el coro de mil pájaros volando en todas direcciones, como parte del acompañamiento sinfónico de una espléndida coreografía llena de aromas y matices en movimiento, con el eco de sus cantos rebotando contra las cercanas e imponentes montañas que decoraban el fantástico escenario.

Conmovido por tan magnánima belleza, Hombre sintió dentro de si la pletórica emoción de una desconocida paz, percibiendo el entorno como si él, fuera un fragmento más del todo lo que sus ojos podían observar en un sentimiento recíproco e inherente. Era, por primera vez, como si pudiera sentir la vida en todo su esplendor, de manera nueva, intensa y real. Y aquel sentimiento viendo que era bueno, le hizo sonreír preso de incógnita satisfacción.

Incorporándose, se dispuso a bordear la gran mole que ahora en su magnifica verticalidad distinguía con detalle. Estar frente a aquel gigante, era como la escena de David frente a Goliat; idea que le hizo sentir humilde mientras circunvalaba el bloque hasta encontrar una entrada hacia una cueva donde la penumbra era tenue y el sigilo reinaba a placer. Despacio, huroneó hasta llegar al centro, momento en el que misteriosamente una voz sorda salida de ninguna parte, resonó en su mente.

- ¿Te gusta la infelicidad en la que vives?

Hombre quedo inmóvil, paralizado, agudizando sus oídos.

- Te he preguntado, ¿por qué haces de la rutina tu forma de vida?

- ¿Quién eres? - preguntó sobresaltado.

- ¿Te gusta lo que ves cada mañana?

- ¿Qué quieres? - Exclamó mirando a todas partes sin ver a nadie.

- Si quieres ser feliz, ¿por qué permaneces en la desdicha mirando cada día el mismo color gris de la niebla en la que vives para ver y conseguir nada?

Aunque la dócil voz era suave y tranquilizadora, Hombre no acertaba a responder.

- ¿No vas a contestar? Te habló a ti…

- ¡No! No me gusta lo que veo - acertó a decir -, siempre es lo mismo y estoy cansado.

- Tú lo has decidido así.

- ¿Qué? Yo no he decido estar cansado de mi vida ni he decidido que todo me vaya mal, ni que el color gris sea el tono de mi insulsa y aburrida vida.

- Estás cansado porque deseas vivir tu vida viendo en blanco y negro a través de esa permanente espesa niebla que te impide observar la paleta de tu entorno. Si la ausencia de color no te deja ver el camino con todo su detalle, ¿cómo sabes que camino escoger si careces de referencias? Tu cansancio no es más que el reflejo de una insatisfacción provocada por tus propias decisiones y acciones.

- ¿Cómo sabes tú eso? ¿Acaso me conoces?

- Vivo en ti y escucho tu pensamiento.

- ¡Vaya! No sabía que alguien viviera dentro de mí.

- No lo sabes, porque la ventana a la que te asomas cada amanecer no es la correcta.

- Pues no hay otra, así que eres tú quien debe estar confundido.

- ¿No hay o no existe?

- ¿Cuál es la diferencia? Si como dices vives dentro de mí, deberías saber que en mi habitación solo hay una ventana…

- Si, es cierto; la que ves, la que tocas para abrir la misma estampa exterior de siempre…, la que hay. Una ventana física tras la cuál esperas en vano que algo suceda. Pero el paisaje no cambia, siempre es el mismo, con su repetitivo y aburrido tono oscuro. Por este motivo el fruto de tu pasividad e inacción, produce la reacción de la niebla que te impide observar la verdadera realidad. Así, ante la falta de expectativas, tu esperanza decae y el surrealismo de la realidad en la que vives aparece creando tu continua sensación de vacío permanente. Por eso llueve tanto en tu corazón sembrado de insatisfacción. Pero existe otra

139

ventana que no mira al exterior sino al interior, y hasta el momento, esa ventana nunca la has abierto.

- ¿Qué eres un adivino? ¿Una pitonisa? ¿Acaso un sereno que viene a darme la llave de esa ventana inexistente?

- Soy…, la divina llave que abre la serena ventana de tu existir.

- Me parece que estoy perdiendo el tiempo.

- ¿Más de lo que ya lo has perdido?

- De acuerdo, has acertado - contestó un tanto airado. - Tengo la sensación de no haber hecho nada importante en la vida, de ser un infeliz rodeado de problemas. Todo me sale mal, ¿para que intentar seguir?

- Si esperas encontrar el éxito personal en la suerte o el azar, generando sueños sin esforzarte en conseguirlos, lo único que conseguirás será desaprovechar un valioso tiempo que no volverá. Y si esperas resurgir compadeciéndote de ti mismo, profundizarás en una desgracia cada vez más honda conforme pierdas el tiempo.

- Mi vida es un fracaso. ¿Qué quieres que haga?

- Cambia de ventana.

- Te repito que solo tengo una.

- La ventana que tú dices "mira" ahí fuera. La ventana que yo digo, "observa" el aquí dentro.

- ¿Y como debo buscarla?

- La tienes frente a ti, por eso no hay nada que buscar pues siempre ha estado ahí. Solo debes encontrar el camino de su apertura, abrirla, atravesarla y simplemente adentrarte en su interior. El camino te mostrará los resultados.

- ¿Cómo lo hago entonces; señor galimatías?

- Todo lo que dices, haces y piensas, es el resultado de tu pensamiento condicionado por años de influencia externa insertada y programada artificialmente en tu cerebro. Esa es la ventana exterior de tu vida a través de la cuál ves cada día el mundo que te rodea bajo la esclavitud de aquellos que desde las alturas artificiales, manipulan e influencian tu vida. Cuando te liberas de todo condicionamiento impuesto y la limitación emocional que te aprisiona, dejas de pensar, porque sencillamente no necesitas hacerlo. De esta manera, pasas de ser observado a ser observador. Es entonces cuando comienza el despertar de tu conciencia observando tu existir desde el interior.

- ¿El despertar…, de qué?
- De la ventana que mira a tu interior para hallar la conciencia.
- Oh si, ¡claro! Me hago consciente y todo me irá bien desde ese momento. Volveré a tener trabajo y un salario con el que pagar mis facturas. Mi desdichada vida sentimental encontrará por fin la persona perfecta y volveré a tener las posesiones que perdí. Tienes mucha razón, no me había dado cuenta.
- Yo tampoco.
- Te comportas de un modo sarcástico.
- Te comportas como un niño en plena rabieta.
- ¡Y encima respondón!
- Tengo toda la eternidad para seguir así. Tú en cambio, sigues desperdiciando en vano la arena que aún queda en tu reloj.
- De acuerdo. ¿Significa eso que vivo en la incoherencia o la insensatez?
- Vives de espaldas a toda realidad; aletargado en un sueño del que el hombre no quiere despertar por miedo a perder la misma ventana a la que la inmensa mayoría de la gente mira bajo un panorama superfluo del todo artificial, lleno de banalidades, no natural, inventado por el propio hombre para satisfacer su egocentrismo. Vuestra constante pérdida de valores junto a vuestra persistente identificación con la

141

forma física que incesante busca falsamente en la posesión el valor de la felicidad, llena vuestra vida de envidia, egoísmo y avaricia gracias a la indecisión, el orgullo y la codicia que ciegan toda razón y sentido común. Este gran defecto vuestro, os convierte en depredadores endiosados con derecho al enjuiciamiento sobre la vida y la muerte sin ser conscientes de la inconsciencia que os niega la más grande y absoluta verdad que existe.

- ¿Estás diciendo que todo es una farsa?

- Estoy diciendo que dormidos a la vida, vivís despiertos en un sueño de ilusoria fantasía artificial. Y así seguirá siendo hasta que no encontréis la clave del verdadero significado de vivir. Por ese motivo el hombre encuentra en la insatisfacción la desgracia permanente que al caos os lleva, tozudamente empeñados en destruiros mutuamente.

- Hablas de clave, ¿qué clave?

- La clave del cuando.

- Ya sé que te gusta hacer juegos de palabras pero me cuesta seguirte. ¿Podrías explicarte mejor para que este pobre humano pueda comprenderte?

- Te lo acabo de explicar, pero solo oyes, no escuchas. Debes encontrar "la clave" que active "cuando" despertar a la vida, a la percepción por todo cuanto te rodea, a la cognición que habita en vuestro interior para haceros conscientes de lo que sois desechando quienes sois.

- La clave dices…

- ¡Si!, la clave que de respuesta al por qué y para qué estáis aquí, el por qué de vuestra evolución, el por qué de vuestra inteligencia, porque la carne, es tan solo una coraza del alma cuya función es adquirir la experiencia de vivir desde un punto de vista natural, no artificial y si espiritual. La clave, es el sendero interno que debes recorrer si deseas alcanzar un plano dimensional superior al que ahora te encuentras. La clave es hallar la sabiduría que te llevará a la ventana que una vez abierta, te permitirá alcanzar la unidad plena, total y absoluta con el todo lo que es, hay y existe.

El "cuando" sin embargo, es tan solo una línea imaginaria; una variable temporal de actuación que emergerá cuando cada cual, esté preparado para despertar.

- Bien... Ahora estoy soñando. Nada de lo que ocurre en este instante es real, solo fruto de mi subconsciente. ¡Perfecto! Ahora despierto; ¿cambiará mi vida a mejor?

- ¿Necesita un ciego ver el sol para saber que está ahí? ¿Necesitas tocar el aire para saber que está a tu alrededor y que debes respirarlo? ¿Cuándo comprenderéis que un vacío existencial o espiritual, no puede ser llenado con nada de lo que el hombre ha inventado? Sigues esperando que algo suceda, pero no puedes encontrar un resultado sin antes saber lo que deseas encontrar sin buscar. Te repito que nada de lo que puedas obtener a nivel material, conseguirá llenar tu vacío trascendental, siempre condicionado por banales fantasías e ilusorios sueños de grandeza, condicionado por quien solo desea su beneficio a tu costa. Así vives tu vida para satisfacer la de los demás, esperando prodigios suplicados a un cielo, sin ser conscientes del milagro que permanentemente os rodea como parte inherente al ser.

- Lo que deseo es que la buena suerte me acompañe.

- Sigues sin entenderlo. ¿Por qué miras al mañana apostando a la suerte cuando no hay vida en tu presente?

- Porque si no hay nada bueno hoy, tal vez mañana si lo haya.

- Así es como el tiempo se convierte en tu peor enemigo. Así es como en tu vida se manifiesta la insatisfacción del tiempo presente que rechazas esperando la incierta felicidad de un futuro aún por venir.

- Es una buena apreciación. No lo había visto así.

- Sigues ofuscado en "ver el ahí afuera" y no "observar el aquí adentro".
- Si abro esa ventana, ¿todo irá a mejor?
- Por mucho que quieras, no podrás cambiar la realidad, pues la vida es como es y las cosas son como son. Pero si puedes cambiar tu percepción por la vida, pues ella no es como la ves, sino como solo tú quieras verla. Así que solo tienes dos caminos: resistirte o aceptarlo y aquello que resistes persistirá, mientras aquello que aceptas pasará igual que vino. Por tanto, abrir la ventana interior no es cuestión de algo mejor ni peor, sino de descubrir una dimensión diferente situada en un plano de inteligencia superior que entierra el sueño de vivir despierto en la inconsciencia de todo lo que artificialmente te rodea. Solo de esta forma, abriendo la ventana para ventilar tu vida con aire fresco, aceptarás las cosas tal como vienen y son, pudiendo llenar el opaco vacío que ocupa vuestro insensible corazón repleto de temor a perder un ego que no conoce la fuerza del amor: tan solo, del temor, esto es…, su parte contraria.

Pensativo, Hombre trataba en silencio de asimilar los conceptos que escuchaba. Hasta ese instante, aquella voz le había hablado con ternura y sapiencia, con simple lógica y sencillo razonamiento, para decirle que estaba ante un momento donde un halo de luz y esperanza, parecía distinguirse entre la niebla que siempre le rodeó.
- Acabas de escuchar a tu intuición más profunda.
- ¡Guíame! – Pidió Hombre.
- Cuando abres la ventana interior de la conciencia, renuncias a toda ilusión futura, porque el verdadero despertar es ser consciente del ahora; del valor que en la vida tiene el tiempo presente, del hoy, de este instante y momento, pues en verdad te digo que es todo cuanto realmente tienes. Y eso, es un tesoro de valor incalculable.

Cuando "la clave" de la vida es desvelada, tu misión será revelada para ser transformada en acción, porque dejarás de "ver" el sueño en el que vives para "observar" el verdadero propósito de la vida, su por qué y para qué. De lo contrario, vivir de espaldas a la verdadera percepción de la vida de manera natural, el intangible miedo que el hombre se auto infunda así mismo, te aprisiona en una cárcel emocional sin paredes para impedirte ser libre, esto es: tu propio pensamiento. Y si el miedo desaparece, el apático sueño en el que vives dormitará para dar paso a la vida, descubriendo la esencia invisible del ser donde todo es diametralmente diferente.

- ¿Una vida distinta? ¿Otro plano dimensional? Es algo difícil de entender.

- El ser humano no tiene la capacidad de entender lo que no puede comprender.

- Pero me hablas de ello. ¿Cómo entenderte?

- Toda forma de vida tiene su principio y fin mientras que el ser es infinito. Cuando tu energía incorpórea se transforma; por ejemplo en tu caso en modo orgánico, germina el ser humano, naces, llegas a este mundo. Al final de tu ciclo vital, esa energía queda de nuevo liberada prosiguiendo su existir en otra dimensión. En ambos casos vives, en ambos casos eres energía inseparable de la unidad que todo la forma y de la cuál todo procede, dividida en infinito número de formas para experimentarse a sí misma. La diferencia estriba en como deseas vivir tu vida terrenal paralela a tu existencia: si desde la ignorancia insustancial donde el camino es angosto, o por el contrario desde la conciencia espiritual donde el camino es ancho y sabio. Si finalmente escoges el camino por el que hasta aquí llegaste, tu existencia seguirá vacía de contenido y en consecuencia, volverás a esta roca mil veces mil hasta encontrar la sabiduría que te permita entender que la experiencia, es tu destino humano. Pero si escoges el otro camino, tu existencia se llenará de aprendizaje, único equipaje que portarás cuando traspases la puerta de esta vida.

- ¿Qué porta la experiencia?
- Sabiduría.
- Y, ¿en caso contrario?
- Ignorancia.
- ¿Y para que necesito ese equipaje?
- Para dar sentido a "que eres", no solo en lo concerniente a tu vida orgánica y corpórea, sino a tu existir trasformada en eterna energía de la que tú, como ese y aquel procedéis; la que se transmuta de vida en vida hasta que la conciencia de tu ser despierte en la unidad de todo lo que es, hay y existe gracias a la experiencia. En otras palabras; saber por qué y para qué estás aquí, en este presente de este infinitesimal instante. Esta es y será, la constante pregunta humana a la que muy pocos han sabido dar contestación.
- Permite entonces que en mi condición humana, dude entre si me estoy volviendo loco hablando conmigo mismo o si por el contrario esto es real.
- Es el primer síntoma del cambio, ¡de la transformación!
- ¿Quién eres?
- Yo soy…, todo lo que observas y escuchas, lo que no ves y no puedes oí en mi silencio. El todo y la nada que sientes y percibes, la eterna dicotomía, la inmortal dualidad, porque sencillamente yo soy…, tú, a quien siempre ignoraste más aún cuando tú y yo, somos uno.

La puerta (2)

- ¿Cómo debo llamarte?
- Como tú desees hacerlo.
- ¿Eres Dios?
- Dentro de vuestros preceptos religiosos, unos me llaman padre, otros señor, algunos me llaman Dios, también creador, y los que me ignoran niegan mi nombre, pero el título es algo puramente conceptual que corresponde a vuestras humanas creencias teológicas. Sencillamente; yo soy el que soy.
- De acuerdo, amigo, ¿por qué no te manifiestas?
- Ya lo estoy haciendo en este momento.
- Tu voz no muestra tu imagen.
- ¿Necesitas una imagen para creer en mi?
- Necesito ver a quien me está hablando.
- Entonces sigues mirando a través de la ventana equivocada.
- Dime pues, ¿cómo puedo saber donde encontrarte?
- Una vez más, demuestras oír pero no escuchar. ¡Sal de la cueva!
- Eh, espera ¿Ya hemos terminado?
- ¡Sal de la cueva! - Resonó en un eco interminable entre las paredes de la cavidad.

Contrariado, Hombre avanzó despacio hacia el exterior. El contraste con la luz directa del sol, le cegó por un momento. Cuando recuperó la contracción de sus pupilas, de nuevo la vida se mostraba con la misma verde intensidad de la tierra en contraste con el azul del cielo, donde calma y paz, fundían el arriba con el abajo.
- ¡Ya estoy!

Pero no obtuvo respuesta.

- ¿Puedes oírme? - Gritó transformando su voz en una amplia reverberación rebotada contra las montañas en un eco casi incesante.

En ese instante, un negro mirlo de pico y patas naranjas, se encontraba sobre la copa de un árbol cercano emitiendo diferentes tonalidades con sus bellos silbidos, llamando su atención. Al poco, otro mirlo de apariencia más corpulenta, comenzó a contestar al primero desde una rama próxima en lo que pareció una apacible conversación vecinal, mientras una cálida y ligera racha de viento, formaba un suave rumor agitando vehementemente los árboles acariciando a su vez el rostro de Hombre, casi al compás del unísono movimiento del bosque. Y aunque el sol estaba en todo lo alto, no le impidió observar el manso giro de un águila dibujando círculos en el cielo hasta desaparecer tras la colina cercana, donde la pendiente de un riachuelo, encauzaba las aguas en sus márgenes emitiendo su característico sonido al golpear contra las piedras de su curso.

Colmado en indescriptible quietud con su mente vacía de todo pensamiento, Hombre escuchó el devenir de los diferentes sonidos dejándolos pasar, sin analizar, con la mente vacía observando como de pronto de entre el verde del follaje, asomó un ciervo de grandes proporciones bajando lentamente por una escarpada cuesta hasta llegar a la otra orilla.

Cuando el animal terminó de beber, levantó su grueso cuello para situar su vista sobre el humano en un encuentro de miradas, donde Hombre, sintió extrañamente fundirse con las múltiples percepciones exteriores para invadir su ser bajo un sentimiento y conmoción cuya armonía era inefable.

Fue en aquel instante cuando Hombre comprendió.

- ¡Estás aquí!

- Nunca me he ido de tu lado - volvió a sonar la sedosa voz -Siempre he estado aquí, en cada instante y momento, en cada presente, en cualquier forma, en cualquier sitio, continuamente, para todo aquel que quiera encontrarme.

- Yo no era consciente de tus mensajes…

- Este es tu "cuando". Acabas de cerrar la ventana artificial a través de la cuál cada mañana mirabas al exterior. Esta es la clave; abrir la ventana natural que existe en ti para observar tu interior.

- Si esta vasta paz que ahora siento es la que existe tras esta ventana…, no quiero cerrarla.

- Todos esperáis un milagro, - replicó en un delicado tono cargado de ternura, - pero no os dais cuenta que os encontráis en mitad del milagro. Deseáis que me haga presente, sin saber que siempre estoy expectante. Me llamáis buscando desde el exterior, sin saber que siempre me encontraréis en el interior.

- ¡Quiero quedarme aquí!

- Si no puedes cambiar la vida, al menos, modifica tu modo de verla y entenderla. Si transformas la interpretación de ella, tu perspectiva será distinta.

- Está bien. Puedo intentar transformar mi forma de ver y entender la vida, pero el ser humano funciona a base de ilusiones y alicientes.

- Si pudieras "observar" la incognoscible felicidad que hay dentro de ti, no necesitarías ilusiones ni alicientes que tan solo pertenecen al ego. Dentro de ti, hay tanto que observar escuchando su silencio, que perderías la ilusión por aquello que en realidad no te hace falta para vivir. Así por ello te digo: ¡vive desde adentro y vivirás feliz afuera!

- Debo desprenderme del ego.

- No seré yo quien deba decirte que has de hacer, pues tus decisiones corresponden a tu libre albedrío ya que para eso os fue entregado, pero te diré que si renuncias por completo a él, tu apego por los bienes materiales, personales y emocionales, desaparecerá, igual que todo condicionamiento que te impide despertar para ser libre.

- Si, pero ¿qué me queda entonces?

- Evolucionar.

- ¿Hablas por mi o por la sociedad? ¿No es suficiente el nivel de logro alcanzado por la humanidad?

- La evolución entendida desde el planteamiento humano, está en profundizar en el conocimiento de lo que puedes tocar, ver u oír, y eso está bien, porque os enseña el por y para qué del mundo que os rodea. Pero no puede ilustraros en aquello intangible, inmaterial y espiritual que no corresponde a este mundo. Por este motivo, ciencia y filosofía jamás irán juntas de la mano, pues esta última, trata de profundizar en aquello que la ciencia no es capaz de explicar, mientras que la ciencia, necesita ver y tocar para creer.

Por otro lado contáis con la barrera de vuestras religiones que os instruyen una serie de reglas, dogmas y conductas fundamentadas en el condicionamiento y la influencia humana, donde dios juzga y castiga vuestros actos con la intención de hacer suyo vuestro miedo y así, conducir los rebaños adonde el poder religioso conviene fuera de toda verdad para satisfacer sus intereses.

Sois ateos de nacimiento, por tanto, la evolución espiritual no necesita adoctrinar, convencer ni influenciar, manipular o atemorizar, tampoco dividir y menos aún cometer sacrilegios en la defensa de unas creencias en nombre de un dios despiadado y vengativo.

Mirad vuestra historia; la religión destruye, la espiritualidad crea…, la devoción fracciona, la conciencia une.

- Es fundamental la religión para el hombre. Da respuestas…

- Puedes tener el absoluto convencimiento de la existencia de una inteligencia suprema, sin la necesidad de creer un evangelio escrito por el hombre.

- Pero; es la palabra de dios…

- ¿Qué dios?

Hombre no supo que contestar.

- Puedes creer en la esencia de la creación - continuó la voz - sin ser devoto inmerso en un rebaño. Puedes sentir la fe sin la necesidad de un culto. Puedes creer en una energía cósmica como esencia del todo, sin dogma que aleccione.

Todo lo que es, hay y existe, procede de la unidad, del misterio de un dios como así lo llamáis, como fuente de energía creadora que no necesita recibir postración ni culto alguno.

- Pero mi educación me enseñó a serte fiel, a cumplir una doctrina, arrodillarme ante ti, besar los pies de tu imagen y adorar iconos sagrados.

- El cristianismo tiene iconos, el islamismo no. ¿Cuál de las dos es la religión? Te aseguro que hay más respeto y grandeza en un hondo sentimiento de amor hacia una simple flor, que hincar la rodilla para adorar a una o mil imágenes. Si la creación es el todo como parte inherente de la creación, ¿a que parte hay que adorar? ¿Qué o quién "del todo" es la parte adorable?

Si permanezco en todo sitio y lugar manifestado a mi mismo, ¿cómo vais a venerar infinito número de formas e imágenes en las que me revelo? ¿Cabe todo eso en una sinagoga, en una iglesia o mezquita? La esencia del ser único se manifiesta a todos por igual. Por tanto a quien debéis entregar vuestro amor, es a todo aquello que observáis, escucháis, oléis, sentís y percibís en el mundo natural, y no a los escritos adulterados por la conveniencia de unos pocos para someteros a sus deseos de esclavitud.

151

- Si, pero, si no hay imagen a quien dirigirse, ¿a quien debo alzar entonces mis plegarias?

- La oración no debe singularizarse hacia un ente en concreto. Esto es algo que ha sido malinterpretado deliberadamente. Una plegaria debe realizarse como un acto de sincera gratitud por aquello que tu corazón deba agradecer de manera franca y espontánea. Es un gracias al aire que respiras, al calor del sol y al alimento del agua que os da la vida: un gracias a la tierra que os permite vivir.

- Entonces, ¿el verdadero camino es la evolución espiritual?

- La evolución tecnológica es un complemento humano. La evolución espiritual, un requisito de la conciencia del ser para lograr la plenitud y el sentido existencial. Este es el verdadero propósito de la vida; adquirir la experiencia necesaria hasta alcanzar la iluminación que de respuestas a todas tus preguntas.

Así es como la verdad, os hará libres.

- Tengo muchas preguntas. ¿No puedes contestarlas tú ya que eres el todo y por tanto todo lo sabes?

- Como ya te he comentado, el propósito de la unidad es experimentarse así misma en todas y cada una de las infinitas formas y maneras reveladas en el universo. Si contestara a tus preguntas, no podría manifestarme a través de ti, pues sin experiencia, no puedes alcanzar sabiduría.

- Cuando cambie de ventana y mis ojos se abran, está en mí escoger el camino que me lleve a encontrar las respuestas mediante la experimentación, hasta que mi energía, ahora hecha carne, en esta u otra vida, encuentre la puerta de la iluminación existencial.

- Empiezas a comprenderlo. Vuestra historia habla de varios seres iluminados como Bhudda, Jesucristo o Mahoma por citar algunos, pero hubo otros muchos que huyendo del culto a la persona, formaron parte del anonimato. La más alta virtud de un iluminado es la sencillez, y su más grande poder la humildad liberada de cualquier apego material, social o emocional; todo lo contrario a como día tras día el ser humano lo entiende. Por tanto, un iluminado no necesita reconocimiento, fama, prestigio u honor, tampoco posesión. Hay muchos de ellos transitando vuestro mundo; siempre los hubo y siempre los habrá: seres conocedores del misterio de la vida, desde el primer momento en el fueron conscientes de si mismos como parte integrante de la unidad. La bondad de su amor por la totalidad de la obra creadora, les lleva a predicar sus enseñanzas con el ejemplo del silencio y no con el alarde, pues desconocen otra conducta. Así comprenden que la única posesión que tienen es su espíritu, y no la forma corpórea encarnada en esta vida.

- ¿Dónde podría encontrar a un iluminado?

- ¿Necesitas a alguien que despierte tu conciencia?

- Hasta ahora, no he despertado. Si encontrara un maestro, tal vez podría enseñarme el camino.

- El iluminado jamás detiene su camino. Es un constante peregrino que no busca respuestas, sino que las encuentra en su largo caminar mediante la contemplación y la meditación. Cuando hay sed de conocimiento y estás preparado, el sabio que llevas dentro se cruzará en tu camino.

- Si no lo encuentro, ¿cómo puedo saber cual es el camino hacia la iluminación?

- No te preguntes como puedes descubrir la luz, porque entonces estarás buscando un fin. No busques, ¡encuentra! Tan solo has de ir cerrando progresivamente tus ojos al exterior para abrirlos a tu interior. Y cuanto más te acerques a ello, más cerca estarás de encontrarla.

La puerta (3)

- ¿Por qué el despertar de la conciencia como algo bueno e innegable, siempre ha estado vetado al hombre?
- Nunca se os ha escondido ni prohibido nada. Fue y seguirá siendo el propio hombre quien así mismo se niegue la verdad.
- Pero, ¿por qué?
- Desde los más remotos tiempos de la humanidad, vuestra insaciable ansia de poder, sembró el temor tergiversando la verdad como arma para ocultar las respuestas a vuestro existir, porque sencillamente la verdad, es la libertad. De esta forma el poder se adueñó del miedo de la muchedumbre para impedir que el pensamiento colectivo despertara a la conciencia, obligada a dormitar por voluntad del poderoso. Esa es la injusta desigualdad que habéis creado para hacer más próspero al rico y más pobre al mísero.
- Pero la verdad siempre estuvo ahí, esperando ser descubierta.
- La verdad indubitable comienza tras la ventana que observa la conciencia, detrás de la cuál, se encuentra la puerta de la iluminación. Muchos la hallaron. Sin embargo no creéis en ella porque la verdad es demasiado sencilla para ser aceptada como tal, algo que la alta jerarquía eclesiástica o política conoce. Por tal motivo, la jerarquía corrompió los hechos adulterando la evidencia. La verdad en realidad, es demasiado poderosa para ser repartida a cada uno de vosotros pues patriarca solo puede ser uno: el que no admite rival. Si la verdad se hiciera presente mediante el despertar de la conciencia, te aseguro que los pilares religiosos, financieros, militares, económicos, sociales y civiles que rigen vuestro mundo, serían removidos hasta sus cimientos. Y esa, es la niebla que el

más elevado poder humano no desea disipar, pues entonces el poder y con él su estilo de vida, desaparecería de inmediato.

Esa es la clave de la vida: ser consciente de la oculta e infinita fuerza latente en lo que ya sabes, en lo que reside dentro de cada uno de vosotros para evolucionar a un estado de inteligencia superior, pero deberá ser desde adentro, no desde afuera.

- Deseo conocer la realidad del ser.

- Existe una clara y permanente conexión entre el cuerpo físico y el ser, lo que eres en realidad espiritualmente y no humanamente. Ahí reside la trascendencia: la esencia del ser. Descubrirlo, corresponde a cada uno de vosotros conforme a vuestro libre albedrío pues como te dije, para ello os fue entregado.

Conmocionado a la ineludible lógica y sentido común que frase tras frase le mostraba la verdad, Hombre quedó ensimismado en sus percepciones bajo un estado de paz indefinible; abstraído en un inusitado sentimiento de intuición natural que le condujo a un veredicto firme y decidido.

- Nada me liga ni ata a la vida que hasta aquí llevé. No deseo vivir más como hasta ahora. Hoy, comienza el primer día del resto de una nueva vida para mí.

Girando sobre si para otear de nuevo la efigie del gigante rocoso, Hombre dirigió la mirada hacia el infinito postrado a sus pies, para encontrar gran dicha al contemplar nuevamente la armonía del extraordinario paisaje que lo rodeaba, donde allá, no demasiado lejos valle abajo, dos caminos con destinos opuestos esperaban su decisión: de un lado el sendero de retorno que lo condujo hasta la gran roca, y de otro el desconocido camino que tras bordear la mole, le llevaría a la experiencia.

155

Tras un momento de reflexión y desde el convencimiento, Hombre dirigió sus pasos hasta llegar a la entrada de la cueva. Allí se situó en el centro tomando asiento sobre el suelo para cerrar sus ojos escuchando el silencio del interior de la cavidad, en plena sintonía con el silencio de su ser para dejar fluir con absoluta naturalidad, los pensamientos que vinieron a su mente sin analizarlos, libres de crítica y juicio, tan solo, observándolos sin conclusión alguna.

Pasado un tiempo, una quietud incompresible al sentido humano se hizo presa de él. Fue en ese instante cuando una espontánea pequeña lágrima involuntaria y transparente, resbaló por su mejilla.

- Nunca me he sentido más feliz que en este momento.

- Te has desecho de las cadenas artificiales. Es tu pensamiento liberado de la condición e influencia humana que esclavizaba tu razonamiento. Ahora estás dentro del ser natural que habita en ti.

- No puedo explicar lo que siento.

- La conciencia aparece cuando tu necesidad por la verdad, es tan grande como tu necesidad por respirar. Has cambiado de ventana, pero no has hecho más que empezar. La experiencia será tu camino sobre el cual encontrar la sabiduría del ser manifestada. Explicar su paz es imposible a la comprensión humana, porque sencillamente supera vuestra endeble capacidad de raciocinio. Ahora, la vida más allá de tus cinco sentidos, se muestra en toda su infinita magnitud.

- Si tú eres la fuente de energía creadora y yo, procedo de la misma energía suprema que tú, yo soy una parte más de la creación y en consecuencia, del conjunto de la creación. Por tanto ¡somos uno! De esta forma me convierto en dios de mi vida y destino al crear mi camino con mis elecciones. Así comprendo que en realidad todo es lo mismo, idéntico en su esencia espiritual aunque no en su forma física. Así, es como constantemente te manifiestas a los ojos y oídos, sentimientos y percepciones del hombre para experimentarte a ti mismo a través del todo lo que tú creaste.

- Ahora ya sabes cuál es el verdadero secreto espiritual vetado al hombre por el hombre, capaz de mover montañas; más poderoso que todo el poder material que el ser humano infatigablemente busca para su propia comodidad.

Y dicho esto, la oración espontánea y profunda apareció.

- Gracias por esta vida que fluye por dentro y fuera de mí. Gracias por este día, por cada día, por todos los días, por este instante, momento y presente. Gracias por mi salud, por la ropa y el calzado que en mi peregrinar necesito vestir, por mi consciente existir, por la quietud, prosperidad y abundancia espiritual que tengo. Gracias por tu amor, respeto y comprensión, gracias por dotarme del libre albedrío, por escuchar mis oraciones, por formar parte de mí como yo de ti unidos en un solo ser. Gracias por darme tu cuidado y protección en tu bondadosa generosidad para colocar todas y cada una de las piezas del gigantesco puzzle de mi vida en el justo lugar que yo quiero y deseo para hallar la calma que tanto anhelo y necesito en mi camino por la vida.

Pero la voz…, no respondió.

- Aquí dejo cada pesada piedra de mi camino: mi ego y posesiones, mis iras y rencores, mis creencias e ideales, mi pasado…, aquel que forjó el momento en el que me encuentro abandonando todo condicionamiento, criterio, juicio y censura. Aquí…, termina el sueño material y comienza mi realidad espiritual. Ahora yo soy…, libre.

Tan insondable y extensa era su aceptación del todo, que Hombre no pudo caer en la cuenta del silencio de la voz, más nada le importó, porque el lenguaje de la vida le hablaba desde el centro de la naturaleza que le rodeaba. Y entonces supo que la voz, fuente creadora del todo y la nada, seguía con él, acompañándole en cada instante y momento de su vida, de su existir.

Tras incorporándose, dejó atrás su mochila para salir nuevamente de la cueva a meditar, contemplando la hermosa verde campiña bajo las montañas en riguroso mutismo lleno de paz mental, bajo un cielo al tardecer tornado en múltiples nubes de abstracto dibujo, de innumerables matices blanquecinos plasmados sobre un azul pastel de distintas tonalidades y un tenue color naranja impresionista trazado por el sol, hasta que la noche cayó.

Con la mente quieta y sin miedo a la oscuridad, ni temor a la soledad, Hombre miró el firmamento con dulzura, admirando sus mil estrellas suspendidas con su luna creciente justo en el momento en el que una gran estrella fugaz, hizo entrada en el acto dejando tras de si una gran estela color verde azulada. Extrayendo del interior de su mochila una manta, se arropó hasta quedar dormido. Y cuando su despertar se produjo a la mañana siguiente, se acercó al curso del riachuelo cercano donde el frescor del agua aseó su rostro. Después de un largo trago para saciar su sed, observó el impertérrito monolito de piedra en forma de Goliat: la parte externa del hombre vencida por la parte interna de David…, del ser.

Tras una leve sonrisa, se dispuso a caminar hasta llegar a la intersección de los caminos donde por su izquierda se advertía la estrechez de la senda; pedregosa y cuesta arriba, divisando sobre la vertical de la lontananza, un cielo cubierto de nubes color gris negruzco amenazante de lluvia, bajando lentamente para formar niebla en lo que parecía un lúgubre día, frío y húmedo.

A su derecha, tras lo que parecía una puerta con arco de piedra, una amplia y ancha vereda, limpia y recta, invitando al caminante a ser recorrido sin premura.

Decidido, Hombre la traspasó divisando el manto del trigo sembrado a ambos lados, en dos interminables alfombras tejidas por un verde amarillo acariciado por una mansa brisa bajo un cielo claro y luminosidad fogosa.

Preso de satisfacción y en paz consigo mismo, echó a caminar para encontrar al viejo sabio llamado Experiencia. La clave del cuando, estaba resuelta.

- FIN -

Juan Galo (febrero 2015)
En algún lugar de las Islas Canarias

SINOPSIS

El título de esta obra podría inducir al lector a lo que el propio enunciado sugiere: proponer una amena lectura que retrase sucumbir al placentero sueño. Sin embargo la intención de este manuscrito es provocar justo lo contrario; es decir, invitar al lector a despertar del sueño imposible que vivimos a partir del sentido común y la espiritualidad, que no desde la religión, mostrando al lector la sencillez de una vida diferente más simple y posible sin necesidad de artificios ni riquezas materiales.

Un viejo sabio del desierto, un arroz con bogavante, la luz de un foco, un Negro, un Blanco y un Hombre, se encargarán en seis relatos de explicar como peregrinar por esta vida para no dormir aún, al menos, antes de terminar esta obra cuyas moralejas, se convierten en respuestas.

www.ingramcontent.com/pod-product-compliance
Lightning Source LLC
LaVergne TN
LVHW051123080426
835510LV00018B/2197